beck'sche reihe

denker

b sr

In seinen Hauptschriften gibt der große Denker John Stuart Mill (1806–1873) Antworten auf die Grundfragen der Philosophie nach der Sprache und der Wahrheit, dem richtigen und guten Leben, dem Verhältnis von Individuum und Gesellschaft, dem Wesen der Welt und der Wirklichkeit, der Existenz und den Attributen eines höchsten Wesens und der Unsterblichkeit der Seele. Dabei ist Mill radikaler Empirist: Nur über den Weg der Beobachtung, des Experiments und der Erfahrung können wir wissenschaftliche und moralische Aussagen erwerben und begründen. Das Buch gibt eine übersichtliche und allgemeinverständliche Einführung in Mills Denken und stellt seine Wirkung bis ins 20. Jahrhundert dar.

Dr. phil. *Peter Rinderle* ist wissenschaftlicher Assistent am philosophischen Seminar der Universität Tübingen.

Die Reihe „Denker" wird herausgegeben von *Otfried Höffe,* Professor für Philosophie an der Universität Tübingen.

Peter Rinderle

John Stuart Mill

Verlag C. H. Beck

Mit 8 Abbildungen

Die Deutsche Bibliothek – CIP-Einheitsaufnahme

Rinderle, Peter:
John Stuart Mill / Peter Rinderle. – Orig.-Ausg. –
München : Beck, 2000
(Beck'sche Reihe ; 557: Denker)
 ISBN 3 406 41957 7

Originalausgabe
ISBN 3406 41957 7

Umschlagentwurf: +malsy, Bremen
Umschlagabbildung: Gettyone Stone
© C. H. Beck'sche Verlagsbuchhandlung (Oscar Beck), München 2000
Gesamtherstellung: C. H. Beck'sche Buchdruckerei, Nördlingen
Printed in Germany

Inhalt

Zitierweise und Abkürzungen 7
Vorwort... 9

I. Rationalist und Romantiker................... 11

  1. Erziehung und depressive Krise 13
  2. Der Philosoph im Parlament................. 21
  3. Seelenfreundschaft mit Harriet Taylor....... 26
  4. Letzte Jahre in Avignon 30

II. Sprache und Wahrheit 35

  1. Von Namen und Propositionen................ 37
  2. Deduktives und induktives Schließen 41
  3. Gleichförmigkeit der Natur 50
  4. Geistes- und Sozialwissenschaften 56

III. Lust und Lebenskunst 62

  1. Qualitativer Hedonismus.................... 64
  2. Motive und Sanktionen 70
  3. Das Nützlichkeitsprinzip................... 76
  4. Moral und Gerechtigkeit 80

IV. Freiheit und Macht.......................... 87

  1. Ein ewiger Widerstreit 89
  2. Repräsentative Demokratie.................. 95
  3. Wirtschaftlicher Reichtum 101
  4. Frauenrechte und Gemeinwohl................ 107

V. Phänomene und Gott........................... 112

  1. Möglichkeiten von Wahrnehmungen............ 113
  2. Philosophie des Geistes 119

  3. Existenz und Attribute Gottes 125
  4. Unsterblichkeit der Seele 131

VI. Wirkung und Würdigung. 134

  1. Eigennamen und Hypothesen. 136
  2. Rechtfertigung in der Ethik 138
  3. Politischer Liberalismus. 140
  4. Kohärenz und Plausibilität. 143

Anhang

  1. Zeittafel. 146
  2. Literaturverzeichnis. 147
  3. Personenregister. 159
  4. Sachregister 160

Zitierweise und Abkürzungen

Wenn möglich, zitiere ich mit den nachstehenden Sigeln aus den deutschen Übersetzungen; für alle Zitate aus der Gesamtausgabe der University of Toronto Press gebe ich jeweils Band und Seitenzahl an (z.B. CW XVI, 145).

SL System der Logik (in CW VII und VIII)
PÖ Grundsätze der politischen Ökonomie (in CW II und III)
F   Über die Freiheit (in CW XVIII; zitiert nach der Reclam-Ausgabe jeweils mit Kapitel und Absatz)
RD Betrachtungen über die repräsentative Demokratie (in CW XIX; zitiert nach Paderborn 1971)
U   Utilitarismus (in CW X; zitiert nach der Reclam-Ausgabe jeweils mit Kapitel und Absatz)
WH Eine Überprüfung der Philosophie Sir W. Hamiltons (in CW IX)
HF Die Hörigkeit der Frauen (in CW XXI; zitiert nach Frankfurt a.M. 1991)
A   Autobiographie (in CW I)
NR Die Nützlichkeit der Religion (in CW X; zitiert nach der Reclam-Ausgabe)
Th Theismus (in CW X; zitiert nach der Reclam-Ausgabe)

Abkürzungen der Werke anderer Autoren:

AA Kants Werke nach der Akademie-Ausgabe, Band, Seite.
FG Jeremy Bentham, Fragment of Government, Kapitel, Absatz.
IP Jeremy Bentham, Einleitung in die Prinzipien ..., Buch, Kapitel.
NE Aristoteles, Nikomachische Ethik.
T   David Hume, Traktat ..., Buch, Kapitel, Absatz.
TG John Rawls, Eine Theorie der Gerechtigkeit, Abschnitt.

Vorwort

John Stuart Mill war nicht nur ein großer Denker. Als leitender Angestellter der Ostindischen Handelsgesellschaft hatte er sich in der Verwaltung Indiens zu bewähren, als prominenter Abgeordneter im Britischen Unterhaus hat er politische Verantwortung getragen und als einer der führenden Intellektuellen Europas im 19. Jahrhundert Einfluß auf gesellschaftliche Entwicklungen genommen. Für das Wahlrecht der Frauen hat er sich ebenso leidenschaftlich eingesetzt wie für die Vereinigungsfreiheit der Arbeitnehmer und das Recht auf freie Meinungsäußerung. Als Prüfstein des Gewichts seines Denkens hat Mill immer auch sein Handeln, zuletzt sein gesamtes Leben verstanden. Leben und Werk stehen bei John Stuart Mill in einer innigen Verschränkung.

Über seine Prominenz im 19. Jahrhundert hinaus ist Mill unbestritten auch einer der bedeutendsten Denker in der Geschichte der Philosophie. In seinen Hauptschriften, dem *System der Logik*, den heute noch viel gelesenen Schriften *Über die Freiheit* und *Utilitarismus*, in seiner *Überprüfung der Philosophie Sir William Hamiltons* und in seinen *Drei Essays über Religion* gibt er Antworten auf die Grundfragen der Philosophie nach der Sprache und der Wahrheit, dem richtigen und guten Leben, dem Verhältnis von Individuum und Gesellschaft, dem Wesen der Welt und der Wirklichkeit, nach der Existenz und den Attributen eines höchsten Wesens und nach der Unsterblichkeit der Seele. Mills Antworten auf diese Fragen werden bis in die Gegenwart hinein diskutiert. Sie will ich hier in einem Überblick vorstellen.

Viele philosophische Spezialprobleme, viele Fragen auch der Mill-Interpretation kann ich im Rahmen dieses Überblicks nur anschneiden. Zwei anderen Ansprüchen soll diese Einführung genügen. Zum einen möchte ich das Grundmotiv Mills herausarbeiten, das sich wie ein roter Faden durch sein Werk zieht: die Ablehnung dessen, was er die intuitive, die apriorische oder polemisch: die deutsche Schule der Philosophie nennt. Mills theoretische und praktische Philosophie ist radikal empirisch ausgerichtet. Er nimmt an, daß wir über keinen unmittelbaren Zugang zur Wirklichkeit oder zum moralisch Gesollten verfügen. Das Denken, die reine Vernunft helfen uns hier nicht weiter. Nur über den Weg der Beobachtung, des Experiments und der Erfahrung können wir wissenschaftliche Aussagen und ethische Regeln erwerben und begründen.

An zweiter Stelle möchte ich ein Bild vom Facettenreichtum des Millschen Œuvres vermitteln. In vielen Darstellungen werden entweder die Logik und die Sprachphilosophie Mills oder aber die Sozialphilosophie (vor allem seine politische Ökonomie und seine Demokratietheorie), sehr oft auch Mills Metaphysik und seine philosophische Theologie vernachlässigt. Kapitel zwei bis fünf des vorliegenden Bändchens – zur Logik, Ethik, Politik und Metaphysik – sollen auf übersichtliche Weise der Themenvielfalt von Mills Denken gerecht werden. Ihnen stelle ich einen kurzen Abriß von Mills Biographie voran. Eine Bestandsaufnahme der Spuren von Mills Denken in der gegenwärtigen Philosophie bildet zusammen mit einer allgemeinen Würdigung seines Ansatzes den Abschluß dieser Einführung.

Für die konstruktive Kritik erster Fassungen des Manuskripts geht mein Dank an Otfried Höffe, den Herausgeber der Reihe „Denker". Für zahlreiche Verbesserungsvorschläge möchte ich mich ferner bei Reiner Ansén, Thomas Grundmann und Georg Picot, für anregende Gespräche über John Stuart Mill bei meinen Tübinger Studenten und Kollegen bedanken.

Berlin, im September 1999   *Peter Rinderle*

I. Rationalist und Romantiker

Mit der kurz nach seinem Tode erscheinenden *Autobiographie* gibt uns Mill ein Dokument über sein Leben aus eigener Sicht an die Hand. Sie führt uns ein Individuum vor Augen, das, von den Umständen geformt, einen eigenen Beitrag zu seiner geistigen Entwicklung leistet. Wir können sie jedoch nicht für eine authentische Quelle über Mills Leben ansehen. Die *Autobiographie* war als Teil von Mills Werk und als ein Lehrstück für seine Leser gedacht. Er wollte mit ihr letztlich eine These beweisen: Einem Kind könne in den ersten Lebensjahren sehr viel mehr beigebracht werden, als gemeinhin angenommen wird (A 5).

Trotz seiner persönlichen Bescheidenheit verstand sich Mill als moralisches Vorbild. Auch Augustinus und Jean-Jacques Rousseau verfolgen in ihren autobiographischen Bekenntnissen pädagogische Zwecke; doch ordnen sie diese dem unbedingten Willen einer subjektiven Wahrhaftigkeit unter. Durch einen ähnlich radikalen Willen zur Infragestellung seines Selbst zeichnet sich Mills *Autobiographie* nicht aus. Vieles bleibt deshalb ungesagt, und vieles wird geschminkt. Von Mills Vorlieben, von seinem persönlichen Umgang erfahren wir praktisch nichts. Zeugnisse seiner Zeitgenossen (z.B. Bain 1882) sind für Informationen über seine Person oft sehr viel aufschlußreicher.

Wenn Mill in seinem Leben auch einen großen Einfluß auf seine Umwelt ausübte, sind seine Erziehung und sein Charakter doch ihrerseits von bestimmten gesellschaftlichen Umständen geprägt. Großbritannien befand sich seit dem Ende des 18. Jahrhunderts auf dem Wege zur vorherrschenden Industrienation der Welt. Frankreichs Vormachtstellung auf dem europäischen Kontinent neigte sich mit den letzten Revolutionskriegen dem Ende zu. Großbritannien gewann nicht nur die Schlacht von Waterloo. Das Land verfügt zu Beginn des 19. Jahrhunderts auch über eine ungleich größere Wirtschaftskraft als alle anderen europäischen Staaten. Im Laufe des 19. Jahrhunderts sollte sich Großbritannien als Weltmacht etablieren.

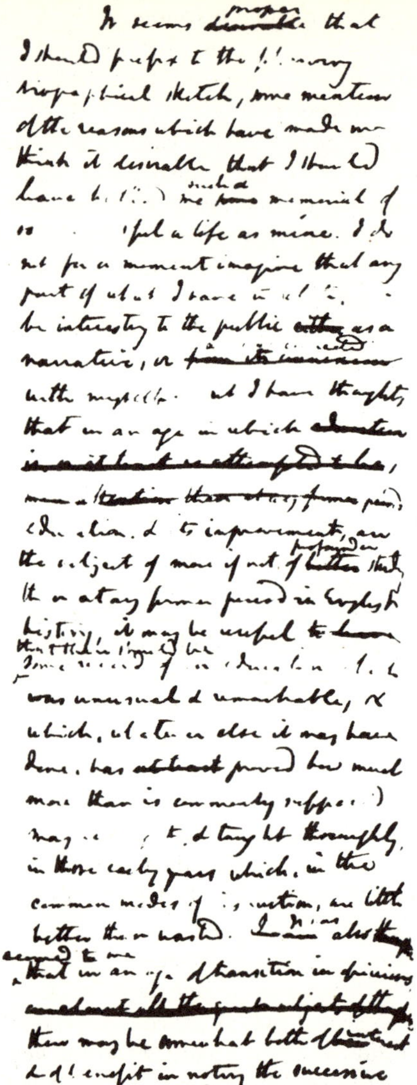

Abb. 1: Mills Handschrift: Die erste Seite des ersten Entwurfs der Autobiographie

Die Sogkraft, die von den ökonomischen Veränderungen in Großbritannien ausging, war schon bald im Rest Europas zu spüren. Der ökonomische Wandel und die rasche Industrialisierung gingen mit großen Verschiebungen des Kräftegleichgewichts in der Politik einher. Eine breite Mittelschicht beanspruchte Mitwirkungsrechte in der Politik, die Industrialisierung brachte für breite Bevölkerungsteile zunächst viele Nachteile. Charles Dickens zeichnet in seinem Roman *Bleak House* auch das Bild einer ineffizienten, verfilzten Verwaltung. Diesen Mißständen, der Korruption und den Ungerechtigkeiten hat die Reformergruppe um Jeremy Bentham und James Mill den Kampf angesagt.

1. Erziehung und depressive Krise

John Stuart Mill wurde am 20. Mai 1806 in der Nummer 13 der Rodney Street in Pentonville, einem Stadtteil Londons, als ältestes von neun Kindern geboren. Zwischen seinem Vater James Mill und dessen engstem Freund, dem bekannten Philosophen und Sozialreformer Jeremy Bentham, war es eine ausgemachte Sache, daß John Stuart im Geiste des Philosophischen Radikalismus erzogen werden sollte. Die sogenannten Radikalen waren eine von Bentham und James Mill angeführte Bewegung, die eine umfassende Reform der Gesellschaft nach rationalistischen Prinzipien anstrebte. Nur der Erstgeborene konnte die ungeteilte Aufmerksamkeit seines Vaters erfahren; das Erziehungsregime von Johns Geschwistern ist weit weniger streng gewesen. John Stuart dagegen war schon bei seiner Geburt dazu auserwählt, die „intellektuelle Speerspitze" (Ryan 1974, 8) des Philosophischen Radikalismus zu werden.

James Mill war ein Schotte, der aus sehr einfachen Verhältnissen stammte. Er studierte an der Universität von Edinburgh Theologie und entschied sich im Jahre 1802, mit 29 Jahren, dafür, in London sein Glück als Journalist zu versuchen. Bis zu seiner Bekanntschaft mit Jeremy Bentham im Jahre 1808 fällt James Mill nicht durch radikale politische Ansichten oder Äußerungen auf, geht zunächst sogar noch regelmäßig zur Kirche (Packe 1954, 25). Die Bekanntschaft mit Jeremy Bentham gibt seinem Leben eine neue Wendung. Zwischen 1814 und 1818 verbringen die Mills die

Abb. 2: Jeremy Bentham: Begründer der utilitaristischen Ethik und Freund von James Mill

Sommermonate jeweils mit Jeremy Bentham auf dessen wunderschön gelegenen Landhaus Ford Abbey in Sommerset. Der weit über 60 Jahre alte Junggeselle Bentham hatte endlich einen eifrigen Schüler, einen ergebenen Anhänger seiner Lehre gefunden. Der junge, unbekannte Privatgelehrte James Mill durfte sich von der Aufmerksamkeit geehrt fühlen, die ihm der berühmte Philosoph Bentham entgegenbrachte.

Nach elf Jahren intensiver Forschungen erscheint 1818 James Mills *Geschichte des britischen Indien*. Sie bringt ihm 1819 eine Anstellung bei der Ostindischen Handelsgesellschaft ein, einer privaten Aktiengesellschaft, die ein Handelsmonopol für ganz Indien innehatte und dort ein komplettes Verwaltungssystem errichtete. Innerhalb kurzer Zeit wird James Mill mit dieser Schrift und anderen politischen Essays zu einem prominenten Intellektuellen in Großbritannien. Bei seinem Tode im Jahre 1836 hat er es bis zur Stellung des Präsidenten des Prüfungsbüros, einer der drei Hauptabteilungen der Ostindischen Handelsgesellschaft, gebracht.

James Mill war ein großer Bewunderer Platons, er glaubte an die unbegrenzte Formbarkeit des Menschen durch die Erziehung. Seine Assoziationspsychologie führte ihn zur Annahme, daß man den Egoismus durch die Erziehung eliminieren könne. Gemäß dieser Theorie wurde John Stuart zum Objekt eines wissenschaftlichen Experiments gemacht. Er sollte in idealen Umständen zu einem Mustermenschen geformt werden. Er sollte ein lebender Beweis für die These sein, daß alle selbstsüchtigen Neigungen, alle Vorurteile des Menschen auf schlechte äußere Einflüsse zurückzuführen seien. John Stuart muß im Elternhause bleiben und wird von Gleichaltrigen ferngehalten. Statt Spielsachen bekommt er Bücher. Mit drei Jahren beginnt er sein Studium der griechischen Sprache; parallel dazu erhält er Unterricht in Arithmetik.

Äsops Fabeln sind seine erste „Lektüre". Von einer echten Lektüre kann dabei aufgrund fehlender Grammatikkenntnisse nicht die Rede sein. Eher muß man, wie später auch bei seiner „Lektüre" Platons, Homers, Virgils, Horaz', Sallusts und Ovids, von einer Art Vokabeltraining sprechen (Bain 1882, 24f.; Packe 1954, 20). Mit acht Jahren erhält er zusätzlich Latein- und Geometrieunterricht; daneben liest er *Tausend und eine Nacht*, Miguel de Cervantes, Daniel Defoe, die englischen Historiker William Robertson, David Hume und Edward Gibbon sowie Reiseberichte. Diese Lektüre dient primär der Entspannung und Erholung. Robinson Crusoe wird zum ersten Helden John Stuarts.

Mit elf Jahren muß John Stuart dem Vater bei der Redaktion seiner *Geschichte des britischen Indien* (1818) und dann auch der *Elemente der politischen Ökonomie* (1820) zur Hand gehen. Gleichzeitig unternimmt er selbst die Abfassung einer *Geschichte der römischen Regierungsgrundsätze*, eine Kompilation aus Geschichtsbüchern, welche die Schilderung der Kämpfe zwischen den Patriziern und Plebejern zum Inhalt hat. Als er 12 Jahre alt ist, wird John Stuart anhand von Aristoteles' *Organon* und Hobbes' *Computatio sive logica* in die Logik eingeführt; mit 13 Jahren liest er David Ricardos unveröffentlichte Manuskripte zur politischen Ökonomie. John Stuart hat nach und nach, äußerst widerwillig zwar, dann auch den Unterricht seiner Geschwister zu übernehmen. Der Vater ist der Auffassung, daß die Übernahme der Rolle des Lehrenden eine der effektivsten Lernmethoden darstelle. Ohnehin verlaufen diese intensiven Studienjahre nach einer Methode, welche die ständige Aktivität des Schülers erfordert. John Stuart mußte unzählige Exzerpte für seinen Vater schreiben, vor dem Frühstück stand ein längerer Spaziergang auf dem täglichen Programm (Packe 1954, 22), bei welchem sich James Mill von seinem Sohn ausführlich Bericht über den Verlauf der Studien vom vergangenen Tage erstatten ließ.

Was waren die Folgen dieses Experiments? John Stuart Mill war ein ungewöhnlich belesener, redegewandter, gleichzeitig aber ein weltfremder, kontaktscheuer junger Mensch. Er begann seine Karriere, so Mill im Rückblick, mit dem Vorsprung eines Vierteljahrhunderts gegenüber seinen Zeitgenossen (A 33). Der Unterschied, der ihn von Gleichaltrigen trennte, war ihm mangels Vergleichsmöglichkeiten zu dieser Zeit selbst nicht bewußt. Im Alter von 20 Jahren ist John Stuart ein – im wahrsten Sinne des Wortes – „gemachter Mann" („a made or manufactured man"; A 163). John Stuart wird aber nicht – wie die beiden Schüler Gradgrinds in Dickens' Satire *Hard Times* (zur Diskussion vgl. Leavies 1955, 20; Fielding 1956; Ryan 1956, 24) – zu einem Papageien dressiert. Die Analyse von Argumenten, die Ermunterung dazu, Probleme selbst zu lösen, die sokratische Methode, mit Hilfe derer allgemeine Sätze immer auf besondere Fälle hin getestet werden (A 25), stehen im Vordergrund. Sein Gedächtnis für Einzelheiten war deshalb Zeit seines Lebens ziemlich schlecht (Bain 1882, 142); dafür legte Mill auch später auf „die Einsicht in die Beweggründe unseres Denkens" (F II, 26) größten Wert.

Ein längerer Aufenthalt auf dem Kontinent sollte etwas Abwechslung in sein Leben bringen. Am 15. Mai 1820 verläßt er London Richtung Paris, wo er sich mehrere Tage im Hause des berühmten Ökonomen Jean-Baptiste Say aufhält, fährt anschließend in einer Kutsche – in Gesellschaft eines dickbäuchigen, tabakrauchenden Viehhändlers und eines schmutzigen, übelriechenden Mädchens, wie der junge Gentleman entrüstet in seinem Reisetagebuch notiert (CW XXVI, 15f.) – weiter Richtung Süden und kommt am 2. Juni 1820 an seinem Bestimmungsort, dem südfranzösischen, in der Nähe von Toulouse gelegenen Landsitz von Sir Samuel Bentham, einem Bruder Jeremy Benthams, an. Er führt dort selbständig seine Studien der Mathematik fort, liest die französischen Klassiker Racine, Molière, Corneille und Voltaire. Bereits vom 10. August an nimmt er seine Tagebucheintragungen in französischer Sprache vor (CW XXVI, 61ff.). Anscheinend fiel es der Gastfamilie zunächst nicht leicht, den jungen Bücherwurm von seiner Leidenschaft, der Lektüre, abzulenken. Seinem Vater schreibt er, daß er die Bücher des Hauses weggesperrt findet und daß er sich langweilt. Doch auf ausgedehnten Wanderungen in der Bergwelt der Pyrenäen wird dann seine Liebe zur Natur geweckt (A 59). Zeit seines Lebens wird er oft ausgedehnte Wanderungen im Süden Englands, in Spanien, Italien, Frankreich unternehmen, dabei Exemplare von seltenen Pflanzen sammeln, trocknen und katalogisieren. John Stuart folgt außerdem Vorlesungen der Chemie und der Zoologie an der Universität von Montpellier.

Die Rückkehr aus Frankreich im Juli 1821 bedeutete für Mill den Eintritt in die Gesellschaft. Außerdem ist er jetzt sehr viel freier in seinen Studien. Er beschäftigt sich mit der Geschichte der Französischen Revolution; er liest die Philosophen Locke, Berkeley, Hume, Reid, Hartley; und zum ersten Mal begegnen ihm die Schriften von Jeremy Bentham. Von der *Traité de Legislation* (1802), der französischen Ausgabe der *Introduction into the Principles of Morals and Legislation* (1789), ist er überwältigt. Er entdeckt das Nützlichkeitsprinzip: „Es gab meiner Auffassung der Dinge eine Einheit. Ich hatte nun Überzeugungen, einen Glauben, eine Weltanschauung, eine Philosophie, ... eine Religion." (A 69)

Im Winter 1821/22 erhält Mill Privatunterricht im altrömischen Recht bei John Austin, einem der bedeutendsten Rechtsgelehrten des 19. Jahrhunderts, der Benthams Doktrin auf den Bereich des Rechts anwenden wird. Austin zählt heute zu den Vätern des sogenannten Rechtspositivismus, einer Doktrin, nach welcher das Gesetz ein bloßer Befehl des Herrschers mit beliebigem Inhalt ist. Bei John Austins Frau, Sarah Austin, nimmt Mill gleichzeitig deutschen Sprachunterricht, nicht zuletzt, um Kant im Original lesen zu können. Mill beginnt jetzt auch, sich in die öffentlichen Debatten einzumischen. Und dafür gab es gute Gründe: Ab 1819, mit der Aufhebung der Habeas-Corpus-Akte von 1679, die bestimmte individuelle Rechtsgarantien für den Fall der Verhaftung enthält, beginnt eine konservative Phase im öffentlichen Leben Großbritanniens, und erst als 1830 die *Whigs* an die Macht kommen, wird der Weg wieder frei für gesellschaftliche Reformen. Aber selbst die Ausweitung und Reform des Wahlrechts von 1832 bleibt immer noch weit hinter den Erwartungen der Reformer um Jeremy Bentham und James Mill zurück.

Am 6. Dezember 1822 erscheint John Stuart Mills erste Veröffentlichung im *Traveller*, in welchem er ökonomische Thesen seines Vaters gegen Kritiker verteidigt (CW XXII, 3). Außerdem schreibt er regelmäßig Rezensionen für die *Westminster Review* und die *Edinburgh Review*. Im Winter 1822/23 gründet Mill mit Freunden die utilitaristische Gesellschaft, deren Mitglieder sich vierzehntägig im Hause Benthams versammeln und aktuelle ethische und politische Fragen diskutieren. Zu diesem Zeitpunkt hat Mill bereits einen weitgespannten Freundes- und Bekanntenkreis, zu dem neben John Austin etwa auch die Historiker George Grote und Thomas Macaulay zählen. 1825 gründet Mill die *London Debating Society*, in der sich die intellektuelle Elite Londons versammelt und die bereits im Jahre 1826 fast 200 Mitglieder zählt. Mills erste Rede am 9. Dezember 1825 handelt vom schädlichen Einfluß der Aristokratie in Politik und Gesellschaft. Er spricht sich gegen eine gemischte Regierungsform und für eine reine Demokratie aus (CW XXCI, 326–335).

Die Einführung ins öffentliche Leben schien gelungen; die assoziationistischen Thesen des Vaters hatten ihren lebenden Beweis. Im Mai 1826 war John Stuart Mill zwanzig geworden, einige Monate darauf, im Winter 1826/27, verspürt er das Gefühl einer wachsenden Entfremdung von seinem Tun. Erste Selbstzweifel regen sich. Äußere Anzeichen der Krise sind zunächst nicht zu bemerken, und so fällt es schwer, sie genau zu datieren. Sie macht sich beim Betroffenen in einem Gefühl der inneren Leere bemerkbar. Weiterhin steht Mill zwar ein schier unglaublicher Vorrat an Energien für seine gesellschaftlichen Aktivitäten zur Verfügung: „Ich machte mechanisch weiter, durch die bloße Macht der Gewohnheit. Ich war für eine bestimmte Art der geistigen Arbeit so gedrillt, daß ich mit ihr selbst dann fortfahren konnte, als sie längst jeden Geist verloren hatte." (A 143) Seiner eigenen Geschäftigkeit steht er jedoch wie ein unbeteiligter Beobachter gegenüber. Er fragt sich nach dem Sinn, nach dem Zweck des Ganzen. Angenommen, alle seine Wünsche wären erfüllt, alle seine Ziele realisiert, wäre er dann glücklich? Und eine innere Stimme antwortet ihm: „Nein!" (A 139) Er könnte sich nicht daran erfreuen. Aber sind es diese Ziele dann wirklich wert, überhaupt verfolgt zu werden? Mill ist verzweifelt: „Mir schien, es blieb mir nichts, wofür es sich lohnte zu leben." (A 139)

Der erste Schritt zur Überwindung der Krise erfolgt mit der Lektüre einer Passage in den Memoiren von Jean-François Marmontel, wo vom Tod des Vaters und den schwierigen Umständen, in denen die Familie zurückbleibt, berichtet wird: „Ich war zu Tränen gerührt. Und von diesem Augenblick an wurde meine Last leichter. Ich schöpfte Hoffnung: Ich war weder ein Stock noch ein Stein." (A 145) Mill entdeckt in sich die Fähigkeit zum Mitgefühl, er entdeckt ein Innenleben. Er ist nicht nur, wie er befürchtet hat, eine das größtmögliche Glück der Menschen berechnende Denkmaschine (A 111). 1828 liest er das erste Mal Gedichte von William Wordsworth, die angeblich seine Liebe zur Natur und zu Landschaften wecken (A 149; vgl. Packe 1954, 45). Der Leser fragt sich allerdings: Wurde seine Liebe zur Natur nicht schon während seines Aufenthaltes in Südfrankreich geweckt? Schließlich berichtet er, daß ihm damals die Berglandschaften der Pyrenäen „eine neue Färbung des Geschmacks durch das ganze Leben" (A 59) gaben. Über manche Ungereimtheiten in der *Autobiographie* darf man sich, wie schon gesagt, nicht wundern.

Die Krise veranlaßt Mill dazu, das Erziehungskonzept seines Vaters zu durchdenken. Es war auf die Annahme gegründet, daß alle nützlichen Handlungen an die Vorstellung von Freuden, alle schädlichen Handlungen an die Vorstellung von Leid und Schmerz geknüpft werden sollten. Der Mensch läßt sich wie ein Stück Knetmasse zu jeder beliebigen Gestalt formen. Aber eine depressive Krise, wie sie Mill durchlebt, dürfte es dann eigentlich nicht geben. Es bleibt nur der Schluß: Der Vater hat sich getäuscht. Die Entdeckung seiner inneren Gefühlswelt dient Mill als Widerlegung des Rationalismus und des Assoziationismus seines Vaters. Sie wird langfristig auch Mills Neubewertung der Benthamschen Doktrin und eine Annäherung an den Romantiker Carlyle in die Wege leiten.

Die Krise Mills hat in der Literatur zu zahlreichen Spekulationen Anlaß gegeben. Eine psychoanalytische Deutung führt sie auf das Verhältnis zu seinem Vater zurück. Mills Depression sei Ausdruck eines unterdrückten Todeswunsches gegen seinen Vater; und die Entdeckung eigener Gefühle bei der Lektüre Marmontels, der vom Tod seines eigenen Vaters erzählt, soll diese Lesart bekräftigen helfen (Levi 1945; Glassman 1985, 39ff.). Diese Erklärung mag man zudem durch Mills heftige Reaktion auf den Tod seines Vaters im Juni 1836 bestätigt sehen; Mill erkrankt und macht wieder eine schwere Depression durch (Glassman 1985, 33). Eine einfachere und plausiblere Erklärung ist vielleicht Mills Überarbeitung (Bain 1882, 38; vgl. Robson 1968, 22; Thomas 1985, 33); der Krise geht eine nervenaufreibende 18monatige Tätigkeit als Sekretär Benthams voraus (A 117). Und auch das englische Wetter mag seinen Beitrag geleistet haben: Schon Voltaire hat beobachtet, daß die Engländer in der Zeit zwischen November und März gleich dutzendweise Selbstmord begehen (Packe 1954, 80).

Wichtiger als die Ursachen sind die Folgen der Krise. Die Entdeckung der „inneren Kultur des Individuums", die Entdeckung des überragenden Wertes der freien Entwicklung und Entfaltung aller Fähigkeiten einer Person ist auf sie zurückzuführen (A 147). Für den Ausdruck von Gefühlen gab es, so Mill, nicht viel Raum in seiner Erziehung. Für seinen Vater kamen sie einer Form von „Irrsinn" gleich, er hatte nur die „größte Verachtung" für sie übrig (A 51). Die Zärtlichkeit sei dem Vater im Verhältnis zu seinen Kindern vollkommen abgegangen (A 53). Furcht allein, nicht Zuneigung und Vertrauen, seien die Stütze seines Erziehungskonzepts gewesen (A 55). Die Pflege der Gefühle und die Kultivierung der Einbildungskraft seien vollkommen vernachlässigt worden (A 115). Das Urteil des Sohnes über den Vater ist sehr hart und vielleicht auch ungerecht. Als sein enger Freund Ricardo starb, konnte auch James Mill ein viel größeres Ausmaß an Gefühlen zeigen, als man es nach der Lektüre von Mills *Autobiographie* annehmen möchte (Ryan, 1974, 22). John Stuart Mill zieht keine mildernden Umstände in Betracht, vergißt, unter welch schwierigen Verhältnissen sich sein Vater in London hocharbeiten mußte, welch große persönliche Opfer er für die Erziehung seiner Kinder brachte (Packe 1954, 24). Ungerecht ist John Stuart erst recht gegen seine Mutter, die immerhin neun Kinder großzuziehen hatte, von ihrem Lieblingssohn aber nur Verachtung und Herablassung erntete (Packe 1954, 33).

Trotz der Überwindung der Krise bleibt Mill nicht gegen weitere Nervenzusammenbrüche gefeit. Als im Jahre 1836 sein Vater an der Tuberkulose stirbt – Mill wohnt bis zu diesem Zeitpunkt immer noch in seinem Elternhaus – ist der Schock so groß, daß er für mehrere Monate arbeitsunfähig wird. Merkwürdig ist nur, daß diese Krise in der *Autobiographie* unerwähnt bleibt. Er unternimmt eine ausgedehnte, dreimonatige Erholungsreise durch Frankreich, die Schweiz und Italien. Ein nervöses Zucken am rechten Auge begleitet ihn von nun an ständig. Auch nach dem Tod seiner Mutter im Jahre 1854 erkrankt Mill schwer, er leidet selbst unter einer chronischen Tuberkulose, und wieder geht er auf eine längere Erholungsreise durch Süditalien und Griechenland. Seine physische Konstitution bleibt schwächlich, für die allereinfachsten praktischen Verrichtungen bringt er nicht die Nerven auf (A 39). Seine Frau Harriet Taylor und nach ihrem Tode Helen Taylor, die Tochter aus Harriet Taylors erster Ehe, werden für Mill zu einer unverzichtbaren Stütze im Alltag.

2. Der Philosoph im Parlament

In der Kontemplation ewiger Wahrheiten allein besteht Mills Vorstellung eines erfüllten Lebens nicht. Sein Lebensinhalt bestand in der Sorge um das gute Leben anderer Menschen. Er verstand sich als ein „Reformer der Welt": „Die Vorstellung meines Glücks war mit diesem Gegenstand vollständig identisch." (A 137) Die Sorge um das gute Leben seiner Mitmenschen erstreckt sich dabei sowohl auf die Frage nach dessen Inhalten wie auch auf die Instrumente, die gesellschaftlichen Umstände zu dessen Realisierung. Aus der Sorge um die richtigen Lebensinhalte läßt sich sein manchmal aufscheinender elitärer Snobismus erklären; aus seiner Sorge um die gesellschaftlichen Umstände leiten sich seine Sympathien mit dem Sozialismus ab.

Schon die von Januar bis Mai 1831 in der Zeitschrift *Examiner* erscheinende Artikelreihe *The Spirit of the Age* (in CW XXII) läßt eine konservative Seite Mills aufscheinen. Er beschreibt sein Zeitalter als eine Epoche des Übergangs, der jegliche Autoritäten abhanden gekommen seien. Die Menschen seien aber auf Autoritäten angewiesen, um sie von Fehlern abzuhalten und um sie im Rechten zu bestärken (CW XXII, 243). Auch seine zweite Besprechung von Tocquevilles *Die Demokratie in Amerika* in der *Edinburgh Review* von 1840 (CW XVIII, 153–204) läßt konservative Sympathien erkennen. Manche Kommentatoren haben aus diesen Zeugnissen schließen wollen, der wahre Mill sei ein auf den Erhalt der sozialen Ordnung und die Ausbildung höherer individueller Fähigkeiten bedachter Romantiker, nicht ein liberaler, auf soziale Gleichheit und politische Reformen bedachter Rationalist (Himmelfarb 1974, 73–91). Richtig ist, daß sein Leben und sein Werk von rationalistischen *und* romantischen Zügen geprägt ist.

Sicher fürchtete Mill die Auswüchse eines entfesselten wirtschaftlichen Liberalismus, aber mindestens genauso fürchtete er die Auswüchse eines kulturellen Konformismus, die Tyrannei eines anti-individualistischen Sozialismus (A 239). Sein politisches Engagement speiste sich aus verschiedenartigen, sich teilweise widersprechenden Wertsetzungen: Er plädierte für eine soziale Absicherung der Ärmsten im Lande; ein weltanschaulicher Pluralismus und die Betonung der Selbstverantwortung des Menschen schienen ihm für die Sicherung des überragenden Wertes der Individualität unverzichtbar; und schließlich setzte er sich für die politischen Mitwirkungsrechte aller Bürger in einem repräsentativen Regierungssystem ein. Betrachten wir vor diesem Hintergrund den Verlauf seines öffentlichen Lebens.

Mills Vater war der Überzeugung, daß sein Sohn an der Universität nichts mehr lernen konnte, und so schickte er ihn nach seiner Rückkehr aus Frankreich nicht an die Universität Cambridge, sondern nahm ihn im Mai 1823 in seinem Büro bei der Ostindischen Handelsgesellschaft auf. Am 21. Mai beginnt der 17jährige dort um zehn Uhr seine Arbeit als „Junior Clerk"; der Arbeitstag zählt sechs Stunden von zehn Uhr vormittags bis vier Uhr nachmittags. Zu seinen Aufgaben gehörten die Korrespondenz mit den indischen Verwaltungsbehörden und die Abfassung von Berichten. Seine Amtsstunden lassen Mill viel Zeit: Große Teile seines *Systems der Logik* und seiner *Grundsätze der politischen Ökonomie* schreibt er während seiner Bürozeiten. Er macht

Abb. 3: John Stuart Mill: Eine Aufnahme vom 1. Januar 1850

schnell Karriere. Bereits 1836, zum Zeitpunkt des Todes seines Vaters, ist John Stuart Mill der drittranghöchste Beamte im Hause mit einem Gehalt von jährlich 1 200 Pfund. Im März 1856 wird er zum Präsidenten des Prüfungsbüros befördert und verdient nun 2 000 Pfund jährlich. Als die Gesellschaft im Dezember 1858 – aufgrund von Meutereien in Indien und trotz des Einspruchs von John Stuart Mill – nationalisiert und direkt unter die britische Regierungsgewalt gestellt wird, schlägt er das Angebot einer Weiterbeschäftigung aus. Seine Rente ist äußerst großzügig und beträgt 1 500 Pfund jährlich. Mill kann sich ganz seinen Studien zuwenden.

Abb. 4: Ostindische Handelsgesellschaft: John Stuart Mills Arbeitsplatz von 1823 bis 1858

1865, von seinen Amtspflichten längst befreit, läßt er sich von James Beal, dem Anführer einer Reformbewegung, dazu überreden, bei der anstehenden Unterhauswahl für den Wahlkreis Westminster zu kandidieren. Nun wäre Mill nicht Mill, knüpfte er seine Zusage nicht an mehrere Bedingungen (A 273): Vor allem war er der Überzeugung, daß ein Kandidat seinen Wahlkampf nicht aus der eigenen Tasche bezahlen dürfte. Die eigene Finanzierung eines Wahlkampfs stellte in seinen Augen eine grobe Benachteiligung derjenigen dar, die sich eine Kandidatur nicht leisten können. Sie käme geradezu dem Kauf eines politischen Mandates gleich (A 273; vgl. seine *Thoughts on Parliamentary Reform* von 1859 in CW XIX, 320). Weiterhin lehnte er es ab, sich für lokale Interessen einsetzen zu müssen, und beharrte auf seiner völligen persönlichen Unabhängigkeit (A 274). Auch zu parteipolitischen Konzessionen war er nicht bereit. Er bestand auf dem Recht, alle Fragen hinsichtlich seines religiösen Glaubens unbeantwortet zu lassen. Schließlich legte er Wert auf die Feststellung, daß er keinerlei persönlichen Wunsch hege, Mitglied des Parlaments zu werden (A 274; vgl. seinen Brief an Beal vom 7. März 1865 in CW XVI, 1005 f.).

Für die Wahlkampagne im Mai läßt er sich nicht im geringsten von seiner Arbeit in Avignon ablenken. Er erscheint nur für zwei kurze Wahlauftritte in London. Der Westminster-Wahlkreis war als Hochburg der *Whigs* ohnehin eine relativ sichere Sache; die *Tories* hatten ihn noch nie für sich gewinnen können. Mill setzt sich bei der Wahl im Juli 1865 gegen seine Konkurrenten durch. Im gleichen Jahr wird er übrigens von den Studenten der St. Andrews-Universität zum Rektor gewählt.

Der geborene Agitator war Mill nicht, die politische Polemik entsprach sicher nicht seiner intellektuellen Redlichkeit, die dem Gegner immer ein höchstes Maß an Fairneß zuteil werden ließ. Für seine Interventionen im Unterhaus bevorzugte er das geschriebene Wort. Wenn bei seinen Parlamentarier-Kollegen zunächst eine neugierige Skepsis überwog, so machte diese aufgrund seines persönlichen Einsatzes und seines politischen Pragmatismus nach und nach einer echten Anerkennung und großem Respekt Platz (über seine Tätigkeit als Parlamentarier vgl. Kinzer u. a. 1992). Während seiner Zeit als Abgeordneter unterstützte er loyal die liberale Regierung Gladstones, bei verschiedenen Sachthemen wußte er aber seine persönliche Unabhängigkeit zu wahren.

Obwohl Mill als Radikaler zunächst sowohl für das geheime Wahlrecht als auch – wie Bentham (in *Rational of Punishment* II. 12) – gegen die Todesstrafe war, hat er später in beiden Fragen, wohl unter dem Einfluß von Harriet Taylor (Bain 1882, 170; Packe 1954, 370), seine Meinung geändert. In seiner Rede vom 21. April 1868 setzte er sich gegen eine Abschaffung der Todesstrafe ein (in CW XXVIII, 266–272; vgl. dazu Sumner 1976 und Wolf 1990). Er begründet sein Plädoyer mit utilitaristischen Überlegungen: Sie sei die humanste, hinsichtlich menschlichen Leidens auch die kostengünstigste Strafe (ibid., 268). Außerdem trat er für das von Thomas Hare vorgeschlagene System der proportionalen Repräsentation ein, das mit einer personalen Komponente verknüpft war (vgl. z. B. seine Rede vom 30. 5. 1867 in CW XXVIII, 176; vgl. Abschnitt IV.2). Er war auch Aktivist bei der 1867 gegründeten *National Society for Women's Suffrage*, und er setzte sich für die Abschaffung der Sklaverei in den Südstaaten der amerikanischen Union ein.

Anläßlich der bevorstehenden Reform des Wahlrechts von 1867, das eine erhebliche Ausweitung des Wahlrechts vornahm, reicht Mill am 17. Juli 1866 eine Petition für die Einführung des Wahlrechts der Frauen ein (CW XXVIII, 91–93; vgl. auch CW XXVIII, 151). Er setzt sogar eine Abstimmung über die Aufnahme des Frauenwahlrechts in dieses Reformvorhaben im Unterhaus durch und erringt einen überraschenden Achtungserfolg mit 73 Ja-Stimmen (A 285); das war immerhin etwa ein Drittel der anwesenden Parlamentarier. Das erste Mal in der Geschichte des Parlamentarismus wurde an diesem Tage über die Einführung eines Wahlrechts der Frauen abgestimmt. Das allgemeine Wahlrecht für Frauen über 21 wurde in Großbritannien aber erst 1928 eingeführt.

1868 scheiterte Mills zweite Kandidatur für das Unterhaus: „Ich wurde hinausgeworfen", schreibt er (A 288). Das politische Klima hatte sich zugunsten der Konservativen verändert; Mill weigerte sich weiterhin beharrlich, seinen Wahlkampf selbst zu finanzieren; und nicht zuletzt sprachen die politischen Initiativen Mills nur eine Minderheit der Wähler an. Dennoch: In der *Autobiographie* nimmt Mills Tätigkeit als Abgeordneter sowohl absolut wie auch proportional gesehen mehr Platz ein als alle anderen Abschnitte seines Lebens. Mill hat seiner politischen Verantwortung sicherlich ein sehr viel größeres Gewicht als seinem Privatleben beigemessen.

3. Seelenfreundschaft mit Harriet Taylor

Gerade die Seelenfreundschaft, die ihn von 1830 an mit Harriet Taylor verbindet, macht das deutlich; das sechste Kapitel seiner *Autobiographie* widmet er „dem Beginn der wertvollsten Freundschaft meines Lebens" (A 193). Werfen wir nochmals einen Blick zurück: Mill war 1830 vierundzwanzig Jahre alt, eine große Zukunft stand ihm offen. Und er sah blendend aus: Die kleinen Augen und die dünnen, etwas zusammengepreßten Lippen verrieten seinen intellektuellen Scharfsinn, er hatte ein großes, markantes Kinn, eine gerade, lange, doch fein gestaltete Nase und eine hohe Stirn. Seine ganze äußere Erscheinung drückte ein ernstes Wesen und eine innere Entschlossenheit aus; er war stets in Schwarz gekleidet. Sein Auftreten in der Gesellschaft war zwar nicht besonders gewandt, aber er war auch nicht unbeholfen. Er zog es

Abb. 5: Harriet Taylor (ca. 1834): Seelenfreundin und Ehefrau von John Stuart Mill

vor, bescheiden und zurückgezogen zu leben. Er spielte passabel Klavier, insbesondere liebte er es, am Piano zu improvisieren und Naturbilder musikalisch nachzuempfinden. Doch er fühlte sich einsam, ohne Begleiterin, die seine Lebensziele hätte teilen können.

Zu diesem Zeitpunkt lernt Mill im Hause des angesehenen Publizisten William Fox das Ehepaar John und Harriet Taylor kennen. Harriet war damals zweiundzwanzig Jahre alt, sie war seit vier Jahren verheiratet, hatte bereits zwei Kinder, langweilte sich aber in ihrer Ehe (Packe 1954, 124ff.). Ihre ruhige Bestimmtheit, die Willenskraft und der Stolz, der von ihrer ganzen Erscheinung ausging, mußten einen starken Eindruck auf Mill gemacht haben. Eines war klar: Sie hegte größere Ambitionen für ihr Leben als die Rolle einer Hausfrau neben dem wohlhabenden, aber mittelmäßigen Großhändler John Taylor. Soweit Mill für solche Gefühle zugänglich war, kann man wohl sagen, daß er sich sofort in diese hübsche und energische junge Frau verliebt hat. Schnell bildet sich ein vertrautes, intimes Verhältnis zwischen den beiden heraus. Dabei dachten sie, die gesellschaftlichen Konventionen und die Gefühle von John Taylor zu respektieren, wenn sie nur die eheliche Treue von Harriet Taylor nicht antasteten. Die Schilderung des platonischen Verhältnisses zu Harriet Taylor, selbst wenn sie der Wahrheit entsprechen sollte, dient Mill vermutlich wiederum primär einem pädagogischen Zweck. Er wollte zeigen, wozu ein Mensch imstande sein kann. Mill unterschätzte den Sexualtrieb (Bain 1882, 149), sah ihn aber nicht als „tierisch, niedrig und entwürdigend" (so Mendus 1989, 189) an. Er war kein Asket und schätzte einfach die intellektuellen Freuden höher als die Freuden der Sinnlichkeit (Packe 1954, 319; vgl. U II, 1–14).

Harriet Taylor würde man heute als eine radikale Linksintellektuelle bezeichnen, für Romantik und Gefühle hatte sie nur wenig übrig. Sie verstärkte nicht das sentimentale Element in Mills Gefühls- und Gedankenwelt. Sie bestätigte eher den Einfluß seiner rationalistischen Erziehung (Packe 1954, 131; Hayek 1951, 17), als daß sie ihm entgegenzuwirken vermochte. Die Partnerschaft von John Stuart Mill und Harriet Taylor stand im Zeichen ihrer gemeinsamen politischen Überzeugungen und ihrer gemeinsamen publizistischen Tätigkeiten.

Harriet Taylor bleibt zwar weiterhin im Hause ihres Mannes wohnen und hilft ihm bei der Erziehung der Kinder. Doch John Taylor verschafft ihr eine eigene Wohnung auf dem Lande. Mill kommt sie dort häufig besuchen; und sie scheinen auch manche Ferienreise zusammen zu unternehmen. John Taylor trägt das Verhältnis von seiner Frau mit John Stuart Mill zwar nicht ohne Schmerzen, doch mit Würde. Eine Scheidung kommt aber nicht in Frage.

Mill war trotz und auch wegen seiner Beziehung mit Harriet persönlich immer noch sehr einsam. Das Verhältnis entfremdete ihn sowohl von seiner Familie als auch von seinen Freunden. Die Beziehung der beiden war für damalige Verhältnisse natürlich ein

Skandal. Es mußte den Kreisen, in denen sich Mill bewegte, als ein direkter Affront erscheinen. Sein Vater und vor allem seine Mutter mißbilligen das Verhältnis, auch seine Geschwister gehen auf Distanz. Mill straft seine Mutter und seine Geschwister mit einer Verbannung aus der *Autobiographie*. Bis 1840 kühlen auch die langjährigen Freundschaften mit Grote und Austin merklich ab (vgl. Bain 1882, 164). Nicht auszumachen ist dabei, in welchem Ausmaß sich Mill selbst einredet, daß Harriet Taylor nicht in seinem Kreis akzeptiert wird, und in welchem Ausmaß die Ablehnung der tatsächlichen Prüderie der viktorianischen Gesellschaft entspricht. In Mills Gegenwart durfte jedenfalls nicht von ihr gesprochen werden.

Als John Taylor im Juli 1849 stirbt, steht einer Heirat der beiden Seelenfreunde nichts mehr im Weg. Und obwohl sie sich nicht an die gesellschaftlichen Konventionen gebunden sahen, heiraten die beiden erst nach einer angemessenen Trauerzeit im Frühjahr 1851. Doch die von allen Freunden erwarteten Veränderungen bleiben aus. Statt nun vollkommen unbefangen mit seiner Frau ins gesellschaftliche Leben zurückzukehren, ziehen sich die frisch Vermählten zurück. Nach 1854 führt vor allem auch die Befürchtung des nahe bevorstehenden Todes Mills dazu (vgl. Mills Briefe an Harriet in CW XIV, 137ff.), daß sie sich ausschließlich der gemeinsamen Arbeit widmen. Sie legen sich ein Konzept über die wichtigsten Ideen zurecht, die sie der Menschheit hinterlassen wollen, und arbeiten zusammen an der Abhandlung *Über die Freiheit*, den *Betrachtungen über die Repräsentativregierung* und am *Utilitarismus*.

Umstritten ist das tatsächliche Ausmaß des Einflusses von Harriet Taylor auf Mills Denken. Mill selbst übertreibt sicherlich, wenn er schreibt: „Was ich ihr, auch in intellektueller Hinsicht, verdanke ist, bis ins Detail hinein, nahezu unermeßlich." (A 197) Seine wichtigsten Veröffentlichungen sieht er als ein Resultat der engen Zusammenarbeit mit seiner Frau an (A 251). In den 50er Jahren dieses Jahrhunderts herrschte noch die Auffassung vor (Hayek 1951, Packe 1954, Borchard 1957), daß Mills Wertschätzung von Harriet Taylor den Tatsachen entsprach. In den 60er Jahren setzte sich aber die Meinung durch, daß Mills Lob übertrieben sei (Pappé 1960; Mineka 1963; Stillinger 1961; Robson 1968). Schon Mills Freund, Alexander Bain (1882, 171f.), sah ihn als das Opfer einer „Halluzination". Sein wichtigstes Werk, die *Logik*, habe er schließlich ohne die Hilfe Harriet Taylors verfaßt. Wenn Mill ihren tatsächlichen Einfluß auch übertreibt, so hat sie doch einige seiner politischen Ansichten beeinflußt.

Der Winter 1858/59, der erste Winter nach seiner Pensionierung, war für eine gemeinsame Revision der Schrift *Über die Freiheit* vorgesehen. Mill und seine Frau machten sich auf den Weg nach Montpellier; doch Harriet Taylor stirbt auf der Reise in Avignon an Tuberkulose, die sie sich höchstwahrscheinlich von Mill selbst zugezogen hatte. Mill ist untröstlich und kauft sich ein kleines, weißes Haus in Saint-Véran bei Avignon, von wo aus er Harriets Grab sehen kann (A 249). Er erwirbt auch die komplette Einrichtung des Hotelzimmers, in dem sie gestorben ist, und läßt ein Zimmer des Hauses damit einrichten. Und seither verbringt er bis zum Ende seines Lebens jeweils einen großen Teil des Jahres in Südfrankreich.

4. Letzte Jahre in Avignon

Insbesondere nach dem Verlust seines Parlamentsmandates im Jahre 1868 zieht sich Mill praktisch ganz nach Avignon zurück, widmet sich seiner Arbeit über den *Theismus*, erstellt eine letzte Fassung der im Winter 1853/54 begonnenen und 1861 neu bearbeiteten *Autobiographie* und unternimmt eine Neuedition der *Analysis of the Phenomenon of the Human Mind* seines Vaters (aufgenommen in CW XXXI, 93–253). Er hat jetzt aber auch viel Zeit, sich seiner Leidenschaft für die Natur hinzugeben. Auf stundenlangen Spaziergängen frönt er seiner Liebhaberei, der Botanik. Bereits zwischen 1849 und 1862 hat er mehrere Beiträge für den *Phytologist*, eine Zeitschrift für Botanik, verfaßt (CW XXXI, 257–320), darunter einen Kalender der Düfte verschiedener Blumen je nach ihrer Blütezeit im Laufe des Jahres (ibid., 257). Helen Taylor, die Tochter aus Harriet Taylors erster Ehe, steht ihm in den letzten Lebensjahren hilfreich zur Seite (A 264). Nach seinem Tode wird sie sich aktiv in der Frauenbewegung engagieren, die Verwaltung seines Nachlasses übernehmen und bis zu ihrem Tod im Jahr 1907 als eine etwas schrullige, alte Dame die Erinnerungen an ihren Stiefvater wachhalten.

Abb. 6: Mills Sturz vom Pferd:
Eine Karikatur vom Oktober prophezeit den Ausgang der Parlamentswahl
im November 1868 im Westminster-Wahlkreis
(vgl. Kinzer 1992, 239)

*Abb. 7: John Stuart Mill und seine Stieftochter Helen Taylor:
Sie unterstützte ihn in den letzten Lebensjahren*

Mill stirbt am frühen Morgen des 7. Mai 1873 an einer Wundrose, einer von Rötungen, Fieber und großen Schmerzen begleiteten infektiösen Hauterkrankung. Seine letzten Worte gelten seinem Werk; er wendet sich an Helen Taylor mit dem Satz: „Du weißt, daß ich meine Arbeit getan habe!" (Packe 1954, 507) Er wird im Marmorgrab seiner Frau beigesetzt, die Beerdigung ist vollzogen, noch bevor seine herbeieilenden Freunde und Bekannten in Avignon eintreffen. Die Hälfte seines Besitzes, circa 6 000 Pfund, hinterläßt er zum Zwecke der Förderung der Frauen. 3 000 Pfund sind für die erste Universität in Großbritannien oder Irland bestimmt, die auch Frauen die Möglichkeit eines Studien-

Abb. 8: John Stuart Mill: Ein Gemälde von G. F. Watts aus dem Jahr 1873

Studienabschlusses bietet. Und weitere 3000 Pfund sollen dieser Universität für zwei Stipendien an besonders begabte Frauen zur Verfügung stehen (vgl. sein Testament in CW XXXI, 333).

Vielleicht ist eine kleine Anekdote aus Mills letztem Lebensjahr noch erwähnenswert. Bereits 1864 machte er Bekanntschaft mit dem jungen und gebildeten Aristokratenpaar Lord und Lady Amberley. Lady Amberley wurde in der Folge eine Brieffreundin von Helen Taylor, und 1872 wendet sie sich mit der Bitte an Helen, ob sie und John Stuart Mill nicht die Patenschaft ihres neugeborenen Sohnes übernehmen würden (Packe 1954, 439). Mill ist einverstanden und wird, zusammen mit Helen Taylor, der Pate von Bertrand Russell, einem der Begründer der Sprachphilosophie des 20. Jahrhunderts.

II. Sprache und Wahrheit

Wollte man Mills *System der Logik* in einem Satz zusammenfassen, er würde wohl so lauten: Es gibt keine apriorische, nur eine aposteriorische Erkenntnis der Wirklichkeit. Das heißt: unser gesamtes Wissen hat in der Erfahrung seinen Ursprung und läßt sich allein durch Beobachtungen und Experimente begründen. Wahrheit läßt sich nur auf empirischem Wege gewinnen; einen direkten, intuitiven Zugang zum Wissen gibt es nicht. Neben den Natur- und den Sozialwissenschaften, das ist die eigentlich provozierende These Mills, gilt dies insbesondere auch für die Mathematik und die Logik. Im Unterschied nämlich zum moderaten Empirismus eines John Locke, eines David Hume oder eines A. J. Ayer ist Mills Philosophie als ein „absoluter" (Höffding, zit. nach Anschutz 1963, 73), ein „radikaler" (Bonjour 1998, 62), ein „globaler" (Scarre 1989, 126) Empirismus, als ein „Ultra-Empirismus" (Skorupski 1989, 219) bezeichnet worden. Bei Hume sind die Wahrheiten von Geometrie noch intuitive Gewißheiten, weil „durch die reine Tätigkeit des Denkens" (1984, 35) zu entdecken. Durch die reine Tätigkeit des Denkens gibt es bei Mill nichts zu entdecken; er gründet selbst die Mathematik und die Logik auf die Erfahrung.

Mill reiht sich selbst in die von Aristoteles begründete und von Locke weitergeführte Tradition des Empirismus ein: Wissen bestehe aus verallgemeinerter Erfahrung (CW X, 125). Die gegnerische, die apriorische Sichtweise identifiziert er in seiner *Autobiographie* mit der deutschen Schule der metaphysischen Spekulation (SL 859; A 233). Kant, Schelling und Hegel wirft er in einen Topf mit den englischen Intuitionisten Reid, Whewell und Hamilton (z.B. CW XI, 341). Trotz großer Unterschiede, die Mill entweder nicht genau kennt oder nicht hinreichend würdigt, stimmen die deutsche und die englische Schule doch in einem wichtigen Punkt überein: Es gibt apriorisches Wissen, es gibt Wissen, das sich nicht aus der Erfahrung ableiten läßt. Mill wendet gegen diese Auffassung ein, daß viele Einsichten, die wir intuitiv für wahr halten, nur weil wir uns das Gegenteil nicht denken können, in Wahrheit die Resultate von zur Gewohnheit gewordenen Schlußfolgerungen aus der Erfahrung sind (SL 7f.). Mill zufolge stellt die Berufung auf apriorisches Wissen eine Täuschung dar. Allgemeine Prinzipien stehen nicht am Anfang, sondern am Ende jeder wissenschaftlichen Tätigkeit (CW IV, 311; vgl. U I, 2). Da sie diese Täuschung nicht aufdecken hilft und nur zu ihrer Verschleierung beiträgt, sei die apriorische Schule „eine Stütze von falschen Doktrinen und schlechten Institutionen" (A 233).

In Mills Augen gibt es eine starke Affinität der apriorischen Schule und einem politischen Konservativismus. Das Bestehende, das Wirkliche, vor allem die gegebene Herrschaftsordnung gibt sie als das Allgemeine, das Vernünftige, das Natürliche aus; das eigene Interesse wird von ihr hinter unbezweifelbaren Erkenntnissen versteckt. Mit der in seiner *Logik* vertretenen These, daß selbst die Mathematik letztlich eine empirische Wissenschaft sei, die von Erfahrungsdaten ihren Ausgang nehme, will Mill den Intuitionismus an seiner Wurzel treffen. An eben der Stelle möchte er ihn des Irrtums überführen, an der er bislang als unverwundbar galt (A 235): Auch die Mathematik ist kein Beleg für die Möglichkeit apriorischer Rechtfertigungen. Die *Logik* soll zeigen, daß selbst die allgemeinen Sätze der Mathematik allein durch Erfahrungen und Beobachtungen zu rechtfertigen sind. Sie soll dem Menschen damit den Glauben an die Reformierbarkeit der bestehenden Verhältnisse zurückgeben (vgl. Mills Brief an Auguste Comte vom 11. 7. 1842 in CW XIII, 529ff.). Trotz der politischen Motivation, die sich hinter ihr verbirgt, kann und soll Mills *Logik* aber auch um ihrer selbst willen ernst genommen werden.

Im Gegensatz zu einem engen Begriff der Logik, nach welchem sie bloß die Beziehung verschiedener Propositionen untereinander untersucht, hat es die Logik bei Mill mit allen Tätigkeiten im Zusammenhang mit der „Verfolgung der Wahrheit" (SL 6) zu tun. Sie zielt nicht nur auf eine formale Konsistenz unserer Aussagen und Schlußfolgerungen (SL 208). Sie umfaßt „die gesamte Theorie von begründeten oder abgeleiteten Wahrheiten" (SL 206). Betrachten wir folgende Schlußfolgerung: 1. Alle Menschen sind unsterblich. 2. Sokrates ist ein Mensch. Daraus folgt: 3. Also ist Sokrates unsterblich. Formallogisch ist der Schluß richtig, er ist konsistent. Doch da die erste Prämisse offensichtlich nicht wahr ist, führt er uns zu einer falschen Schlußfolgerung. Mills weiter Begriff der Logik schließt die Überprüfung der Wahrheit der Prämissen eines Schlusses mit ein.

Die Logik rührt aber nicht an die Fragen der Metaphysik über den Ursprung, den Aufbau und den letzten Zweck der Welt. Die Logik habe sich metaphysisch neutral zu verhalten (SL 326 und 604). Nur so könne sie das gemeinsame Territorium bilden, auf welchem sich die Anhänger verschiedener metaphysischer Schulen die Hand reichen können (SL 14). Inwieweit Mill diesen Anspruch allerdings einlösen kann, ist umstritten; er überschätzt wohl die metaphysische Neutralität seiner *Logik* (Skorupski 1989, 94; Scarre 1989, 4). Bereits dort bezeichnet er nämlich den Unterschied zwischen den Eigenschaften der Dinge selbst und den Empfindungen dieser Eigenschaften als einen bloß konventionellen Unterschied, der mit der Natur der Dinge selbst nichts zu tun habe (SL 65). „Gefühle" im weiten Sinne von „Bewußtseinszuständen" führen auch Mills Liste der existierenden Dinge an (SL 51 ff.). Er stellt eine metaphysische These auf, wenn er die Gegenstände, die von den Begriffen unserer Sprache bezeichnet werden, „Phänomene" nennt (SL 99; vgl. hierzu Abschnitt V.1).

Zu seiner Zeit war Mills *System der Logik* ein unmittelbarer Erfolg beschieden. Bis 1872 waren sieben Neuauflagen notwendig; in der zweiten Hälfte des 19. Jahrhunderts zählte es zu den Standardwerken auf dem Gebiet der Wissenschaftstheorie. Ich leite dieses Kapitel mit einem kurzen Abriß von Mills Sprachphilosophie (SL, Buch I) ein, wende mich anschließend deduktiven (Buch II) und induktiven (Buch III) Formen des Schließens zu, gehe auf Mills grundlegendes Axiom einer Gleichförmigkeit der Natur (Buch III, Kap. 3) ein und schließe mit Mills Logik der Geistes- und Sozialwissenschaften (Buch VI).

1. Von Namen und Propositionen

Schlüsse setzen sich aus mehreren Aussagen zusammen. Bevor wir schließen können, haben wir also einzelne Aussagen, einzelne Propositionen zu formulieren. Nur Propositionen läßt sich Wahrheit oder Falschheit zuschreiben (SL 20). Propositionen setzen sich ihrerseits wiederum aus mindestens zwei verschiedenen

Namen, einem Subjekt und einem Prädikat, sowie einer Kopula „ist" zusammen: „Der Schwan ist weiß." Bevor wir uns der Untersuchung des vernünftigen Schließens zuwenden können, erscheint es Mill notwendig, eine Analyse unserer Sprache, eines der „Hauptinstrumente des Denkens" (SL 19), durchzuführen. Was sind also Begriffe, die wir zur Bezeichnung von Dingen verwenden? Und wie lassen sich Propositionen verstehen?

Drei Theorien haben sich im Laufe der Geschichte der Philosophie ausgebildet (WH 301). Die sogenannten „Universalien-Realisten" (wie Anselm von Canterbury) nehmen an, daß allgemeine Begriffe, z.B. „Mensch", besondere Dinge, sekundäre Substanzen oder Universalien bezeichnen, die neben den primären Substanzen, den Einzeldingen, „John", „Sabine", existieren. Sie nehmen an, daß eine von Einzelmenschen verschiedene Wesenheit „Mensch" existiert. (Der dem Nominalismus entgegengesetzte Universalien-Realismus ist übrigens nicht mit dem metaphysischen Realismus zu verwechseln, der einem metaphysischen Idealismus entgegengesetzt ist; vgl. Abschnitt V.1). Die Nominalisten (wie Wilhelm von Ockham) verwerfen diese Ansicht und verstehen allgemeine Begriffe als Sammelbegriffe für eine Vielzahl einzelner Dinge. Eine dritte Theorie, der Konzeptualismus (vgl. SL 648; WH 302ff.), sieht allgemeine Begriffe dagegen als Namen für unsere Gedanken, für unsere Konzeptionen von bestimmten Klassen von Dingen. Dessen Vertreter, Thomas Hobbes (*Computatio* 1656/1839, Vol. I, Kap. 2; vgl. auch *Leviathan* I, 4) und vor allem John Locke, sehen „Laute als Zeichen für innere Vorstellungen" (Locke 1689/1975, III, 1, ii; vgl. Jong 1982) an.

Der sogenannte Universalienstreit um die Bedeutung allgemeiner Begriffe ist längst zugunsten des Nominalismus entschieden; und Mill stimmt dieser Auffassung zu (SL 175). Manche Interpreten haben jedoch Zweifel daran geäußert, ob Mill seine nominalistische Position strikt durchzuhalten vermag (Spencer 1855, 125ff.; McRae 1974, xxxviii; Scarre 1989, 166f.; Settani 1991, 110ff.). Viele Nominalisten, Hobbes ist hier das Beispiel, tendieren allerdings zum Konzeptualismus, gegen den sich Mill (wie vor ihm bereits Berkeley) mit einem einfachen und triftigen Argument wendet. Die Namen sind nach Mill nicht die Namen unserer Vorstellungen von den Dingen; sie beziehen sich auf die Dinge selbst (SL 24; vgl. Mills Abhandlung über Berkeley in CW XI). Wenn wir sagen „Die Sonne wärmt mich", dann meinen wir schließlich nicht, daß uns bloß der Gedanke an die Sonne wärmt.

Nach dieser ersten Vorklärung dessen, was unter einem Namen zu verstehen ist, Mill unterscheidet verschiedene Arten von Namen (SL 27–45). Ich greife hier nur die wichtigsten Unterscheidungen heraus; mit ihnen stellt Mill die Weichen für seine Analyse des Schließens:

1. Der *allgemeine* Name „Mensch" steht für eine unbegrenzte Anzahl von Dingen oder Personen; *individuelle* Namen wie „John" oder „Paris" stehen dagegen nur für besondere Personen, Dinge oder Attribute. Allgemeine Namen sind wichtig für unsere Schlußfolgerungen, denn schließlich wollen wir bestimmte Dinge über eine möglichst umfangreiche oder gar unbegrenzte Zahl von Dingen, z. B. alle Menschen, aussagen (SL 27).

2. Die *konkreten* Namen „John" oder „weiß" stehen für bestimmte Dinge. „John" steht für einen bestimmten Menschen, „weiß" steht für alle Dinge, die weiß sind. „Menschheit" oder „Weißheit" dagegen sind *abstrakte* Namen. Sie bezeichnen die Attribute, die einem Ding zugeschrieben werden können. Diesen Attributen kommt jedoch keine von den Dingen unabhängige Existenz zu. Insbesondere – diese Auffassung Berkeleys wird für Mills Metaphysik eine wichtige Rolle spielen – ist etwa der Begriff der „Materie" ein abstrakter Name, welchem keine von den einzelnen Dingen unabhängige Existenz zukommt (CW XI, 458). Abstrakte Namen sind nicht mit allgemeinen Namen zu verwechseln, denn es gibt allgemeine Namen („Mensch", „weiß"), die nicht abstrakt, sondern konkret sind. Außerdem gibt es abstrakte Namen, die nicht allgemeine, sondern individuelle Namen („Weißheit") sind.

3. Mit einer dritten Unterscheidung nimmt Mill Gottlob Freges wegweisende Unterscheidung aus *Sinn und Bedeutung* (1892) zwischen dem Sinn eines Zeichens, welches „die Art des Gegebenseins" eines Gegenstandes enthält (1892/1967, 144), und dem durch ein Zeichen Bezeichneten vorweg (SL 30ff., vgl. Mills Rezension von Whatelys *Elements of Logic* von 1828 in CW XI, 24): „Weiß" oder „tugendhaft" sind *konnotative* Namen, weil sie sich immer auf ein Ding beziehen, das ein bestimmtes Attribut, z. B. „Weißheit" oder „Tugendhaftigkeit",

mit sich führt. Konnotative Namen beziehen sich durch ihre Mitbedeutung auf ein reales Ding. Mit anderen Worten: Konnotative Namen denotieren gerade aufgrund ihrer Konnotation; sie bezeichnen ein Ding aufgrund seiner Eigenschaften. Damit wendet sich Mill gegen Hobbes' Konzeptualismus, wonach allgemeine Namen die Dinge nur auf vollkommen willkürliche Weise bestimmten Klassen zuordnen (vgl. WH 318 ff. und SL 177). Eine besondere Mitbedeutung, eine Konnotation des allgemeinen Namens, welcher auf bestimmte reale Attribute der Dinge verweisen würde, kommt bei Hobbes' Klassifizierung von Dingen nicht ins Spiel. Nur *nicht-konnotative* Namen denotieren bei Mill ohne Konnotationen: „London" weist als Eigenname kein besonderes Attribut auf. Auch wenn sich die Eigenschaften der Stadt London ändern würden, der Name „London" bezeichnet immer noch die Stadt London. Eigennamen kommt daher – genausowenig wie den abstrakten, individuellen Namen wie „Weißheit" oder „Tugendhaftigkeit" – kein besonderer Sinngehalt, keine Konnotation zu. „Weißheit" kann bestimmten Dingen zugeschrieben werden; doch das Attribut „Weißheit" impliziert, wie der Eigenname „London", selbst kein Attribut.

Nach den Namen wendet sich Mill den Propositionen zu und unterscheidet affirmative von negativen (SL 80), einfache von komplexen (SL 81), sowie universale von partikularen und einzelnen Propositionen (SL 84). Mit einer Ausnahme müssen uns diese Unterscheidungen hier nicht interessieren. Denn mit der Unterscheidung von realen und verbalen Propositionen (SL 115 f.) steckt Mill gleichsam das Terrain seiner Logik ab. In einer Fußnote zur fünften Auflage der *Logik* von 1862 (SL 116) weist er auf die entsprechende Unterscheidung Kants zwischen synthetischen und analytischen Urteilen aus der Einleitung zur *Kritik der reinen Vernunft* (AA IV, 20 f.) hin. Im Gegensatz zu Kant ordnet Mill jedoch die Aussagen der Logik den realen Propositionen zu. Es gibt also sehr viel weniger verbale Propositionen im Sinne Mills, als es analytische Urteile im Sinne Kants gibt.

Mit *realen* Propositionen sagen wir etwas über die Wirklichkeit aus. Ihre Wahrheit bemißt sich an der außersprachlichen Wirklichkeit. Sie ergibt sich daraus, ob dem vom Subjekt denotierten Ding tatsächlich das vom Prädikat konnotierte Attribut zukommt oder nicht. Die Frage der Sterblichkeit des Sokrates ist keine Frage einer mehr oder weniger willkürlichen Einordnung eines bestimmten Menschen in die Klasse der sterblichen Lebewesen. Die Übereinstimmung mit den Fakten, unsere Beobachtungen und Experimente, entscheiden über die Wahrheit von realen Propositionen (SL 88, 92, 564). Mit *verbalen* Propositionen beziehen wir uns dagegen allein auf den Sinn bestimmter Namen, wir drücken nur ein vom Namen bereits konnotiertes Attribut aus. Strenggenommen können verbale Propositionen nicht wahr oder falsch sein, sie können nur willkürlich festgelegten linguistischen Konventionen gehorchen oder widersprechen (SL 108).

Mit seiner Kritik des Konzeptualismus, seiner Unterscheidung von konnotativen und denotativen Namen und der Unterscheidung von realen und verbalen Propositionen hat Mill die wichtigsten Vorbereitungen für seine eigentliche Arbeit getroffen, die Analyse verschiedener Formen des Schließens. Mit diesen Einsichten kommt Mills Sprachphilosophie ein bleibender Wert zu; in anderer Hinsicht gilt sie heute als überholt. Zum einen sieht Mill die Bedeutung von Namen als grundlegend und die Bedeutung von Propositionen als abgeleitet an (SL 22, 99); heute sieht man dagegen die Bedeutung von Namen als von der Bedeutung von Propositionen abgeleitet an (Ryan 1974, 63; vgl. Russell 1968, 2). Es gilt der Primat der Proposition vor dem Begriff. Zum anderen versäumt es Mill, zwischen dem Sinn einer Proposition und der Äußerung eines Satzes zu unterscheiden (Ryan 1974, 64; Skorupski 1989, 75). Deskriptive Sätze, Frage- oder Befehlsaussagen können, obwohl sie Propositionen mit gleicher Bedeutung enthalten, ganz verschiedene Wahrheitsbedingungen haben.

2. Deduktives und induktives Schließen

Ein Schluß, ein Argument besteht in einer geordneten Aneinanderreihung von Propositionen zum Zweck der Rechtfertigung einer realen Proposition, welche die Schlußfolgerung bildet. Mill unterscheidet zwei Möglichkeiten, Schlüsse zu ziehen bzw. Propositionen zu begründen: die Induktion und die Deduktion (SL 162). Die Induktion geht von einzelnen Beobachtungen aus und zieht aus diesen Schlüsse in Form von allgemeinen Gesetzmäßigkeiten: Die Sonne ist bisher jeden Tag aufgegangen; daher haben wir gute Gründe für die Annahme, daß sie auch in Zukunft jeden Tag aufgehen wird. Die Deduktion dagegen leitet aus allgemeinen Sätzen die Wahrheit von Aussagen über einzelne Dinge ab: Sokrates ist deshalb sterblich, weil er, zum einen, ein Mensch ist und weil, zum anderen, alle Menschen sterblich sind. Entgegen dem Anschein, das ergibt Mills Analyse, sind diese beiden Schlußformen einander jedoch nicht entgegengesetzt. Mill versucht zu zeigen, daß sie vielmehr wie zwei Zahnrädchen in einem Uhrwerk ineinandergreifen.

Werfen wir zuerst einen Blick auf Mills Analyse des Syllogismus. Was tun wir, wenn wir vom Allgemeinen aufs Besondere schließen? Mill stellt zwei Thesen auf: 1. Im Gegensatz zu einer traditionellen Sicht des Syllogismus ordnen wir bei unserem Modell-Schluß auf die Sterblichkeit Sokrates' diesen nicht der Klasse der sterblichen Lebewesen zu. Im Gegensatz insbesondere zur Auffassung Hobbes' machen wir hierbei nicht vom sogenannten Prinzip des *dictum de omni et nullo* Gebrauch (SL 172; vgl. Scarre 1989, 27 ff.). Wir schließen vielmehr auf einen realen Sachverhalt, auf die Sterblichkeit Sokrates'. 2. Mit einem Syllogismus können wir keinen epistemischen Fortschritt erzielen. Der Schluß vom Allgemeinen aufs Besondere bringt uns keine neuen Erkenntnisse und stellt daher keine eigenständige Form des Schließens dar. Jede Prämisse eines Syllogismus ist immer das Resultat einer vorangehenden Induktion. Wir haben also nur deshalb einen hervorragenden Grund zur Annahme, daß Sokrates sterblich ist, weil auch die Vorsokratiker Anaximander, Heraklit und Parmenides gestorben sind.

Nach Mill ist ein deduktiver Schluß zwar nicht nutzlos, er stellt jedoch keine hinreichende Begründung für eine reale Proposition dar (SL 196). Der allgemeine Satz, den wir an den Anfang eines Syllogismus stellen, bilde nur einen Zwischenstop für unseren Geist („an intermediate halting-place for the mind"; SL 200), ein Memorandum (SL 186), ein Register, ein Archiv gewissermaßen aller Einzelbeobachtungen, die einem induktiven Schluß zugrunde liegen (SL 193). Doch mit dem Schritt vom Allgemeinen zum Besonderen können wir nichts beweisen, was nicht bereits in der Prämisse enthalten wäre. Jeder Syllogismus, wird er als Argument zum Beweis einer Schlußfolgerung angesehen, begehe letztlich eine *petitio principii* (SL 184, A 189; vgl. hierzu Scarre 1989, 47ff.; Skorupski 1989, 117ff.). Der Schluß sei also immer schon in der Prämisse enthalten. Einem induktiven Schluß von mehreren Einzelbeobachtungen auf eine neue Tatsache werde durch die Einfügung einer allgemeinen Behauptung kein Jota hinzugefügt (SL 187).

Mill hat bei seiner Dekonstruktion des Syllogismus den Bogen überspannt (vgl. Jong 1982, 136; Scarre 1989, 48). Eine Sache ist es nämlich, zu behaupten, daß ein Syllogismus nur Trivialitäten zutage fördern und zu keinen neuen Erkenntnissen führen kann. Eine ganz andere Sache ist es aber, von einem Zirkelschluß, einer *petitio principii*, zu sprechen. So mag man tatsächlich der Meinung sein, daß der Schluß von 1. „Alle Elemente von A haben die Eigenschaft x." und 2. „a1 ist ein Element von A." auf den Satz 3. „a1 hat die Eigenschaft x." eine *Trivialität* darstellt. Diese Trivialität ist aber nicht Resultat einer *petitio principii*, einer ungerechtfertigten Schlußfolgerung, deren Ergebnis bereits in der Prämisse enthalten ist. Dazu müßte die Wahrheit des 3. Satzes der Wahrheit der 1. Prämisse notwendig vorangehen.

Im folgenden Beispiel erweist sich dies jedoch als unnötig: 1. „Alle Bürger über 18 Jahre haben das Wahlrecht." 2. „Sabine ist 20 Jahre alt." 3. „Sabine hat das Wahlrecht." Vielleicht bringt uns Satz 3 gegenüber den Sätzen 1 und 2 keine neue Erkenntnis. Eine *petitio principii* begeht die Ableitung aber nicht. Die Prämisse ist hier zwar von einer Autorität vorgegeben (SL 194) und nicht auf induktivem Wege aus Beobachtungen abgeleitet. Wir haben es mit einer Interpretation einer allgemeinen Regel, nicht einer Seinsaussage zu tun. Selbst von einer *Trivialität* kann man deshalb hier nicht sprechen. Der Syllogismus gibt mir vielleicht einen guten Grund für etwas, das ich schon weiß (Scarre 1989, 51). Ein Wert kommt ihm deshalb selbst dann zu, wenn er uns keine neuen Erkenntnisse liefert. Und Mill erkennt das in der Folge selbst an.

Der Interpretation allgemeiner Regeln räumt Mill nämlich einen wichtigen Platz in seiner Philosophie ein (SL 197ff.). Alle Entdeckung von Wahrheiten, so Mill, geschehe entweder durch Induktionen oder durch die Interpretation von Induktionen (SL 283). Zwar könne man, rein logisch oder geltungstheoretisch gesehen, auf die Formulierung allgemeiner Aussagen und letztlich sogar auf die Sprache insgesamt verzichten: „Um vernünftiges Schließen zu ermöglichen, ist nichts erforderlich außer sinnlichen

Wahrnehmungen und Assoziationen" (SL 664; vgl. Ryan 1970, 26). Ein solcher Verzicht wäre aber ein Ding der praktischen Unmöglichkeit. Gerade für Wissenschaften, in denen der Deduktion dann eine große Bedeutung zukommt, in der Soziologie und der angewandten Ethik, wird das Ineinandergreifen von induktivem und deduktivem Vorgehen, das Interpretieren allgemeiner Regeln unverzichtbar sein.

Oft steht uns keine ausreichend große Anzahl von persönlichen Erfahrungen zur Verfügung, um eine Schlußfolgerung vom Besonderen auf das Allgemeine anstellen zu können. Deshalb greifen die Menschen auf die Erfahrungen vorangegangener Generationen zurück, die sie in Form von Redeweisen, Maximen und Gesetzestexten vorfinden (U II, 24). Mill, und hier ist er ganz Romantiker, nennt die Sprache deshalb auch den Bewahrer („the conservator", SL 680) dieser Erfahrungen. Wollen wir diese Erfahrungen für unsere Praxis zu Rate ziehen, sind wir auf eine hermeneutische Methode angewiesen. Wir haben diese Texte zu interpretieren, ihren allgemeinen Gehalt zu entschlüsseln (SL 194). Und es wäre nur bedauerlich, wenn der Reichtum an Konnotationen mancher vager Begriffe und damit zugleich auch einige der in der Sprache gewissermaßen „gespeicherten" Erkenntnisse (SL 690) verlorengingen.

Die deduktive Methode hat also durchaus einen Platz innerhalb von Mills Wahrheitslogik; die Mathematik zählt er aber nicht zu den deduktiven Wissenschaften. Für ihn sind mathematische Sätze reale Propositionen, doch enthalten sie – entgegen der Auffassung etwa Whewells – keine apriorischen Wahrheiten. Die Geometrie ist für Mill eine strikt empirische Wissenschaft (SL 616), geometrische Axiome nennt er experimentelle Wahrheiten, Verallgemeinerungen von Beobachtungen, Induktionen der Evidenzen unserer Sinne (SL 231). Auch die Arithmetik und die Algebra sind letztlich aus empirischen Verallgemeinerungen gewonnen (SL 255), die Zahlen sind keine abstrakten Gegenstände, sondern beziehen sich immer auf Aggregate von konkreten Dingen (SL 611 f.). Die Mathematik befaßt sich dabei nicht nur mit verbalen, tautologischen Propositionen. Mill stimmt mit Kant im Hinblick auf die Wahrheitsfähigkeit mathematischer Sätze überein; doch lehnt er dessen Auffassung ab, daß es die Mathematik mit notwendigen, a priori geltenden Wahrheiten zu tun habe. Auch die

Wahrheiten der Mathematik lassen sich nur durch Verallgemeinerungen aus der Erfahrung begründen.

Kann Mills Analyse mathematischer Wahrheiten überzeugen? Schon Frege hat die Frage aufgeworfen, welcher physikalischen, erfahrbaren Tatsache denn etwa die Zahl „0" entsprechen solle (1884/1988, 19ff.). Außerdem kann die Aussage „Alle Schwäne sind weiß." als falsifiziert gelten, wenn wir einen schwarzen Schwan beobachtet haben. Wie sollte aber eine Beobachtung aussehen, mit der wir den Satz „2 + 2 = 4" falsifizieren könnten? Wie könnte hierfür der Maßstab für die Evidenz des Gegenteils überhaupt aussehen (vgl. Ryan 1974, 68; Scarre 1989, 131)? Ist der Satz „2 + 2 = 5" überhaupt im Bereich des Denkbaren? Für Mill ist die Undenkbarkeit des Gegenteils eines wahren mathematischen Satzes kein Argument für die Notwendigkeit von dessen Wahrheit. Und sicher ist das richtig: Unsere psychologische Verfassung ist kein hinreichender Grund für die Wahrheit unserer Schlußfolgerungen. Eine Meinung, eine Überzeugung kann sich nicht selbst rechtfertigen (A 233; vgl. SL 563). Die Unmöglichkeit der Denkbarkeit des Gegenteils einer Meinung ist kein Grund für die Richtigkeit einer Meinung, wenn daraus auch nicht folgt (vgl. T. H. Green 1886, 266f.), daß das Gegenteil einer wahren Meinung denkbar wäre. Die Wahrheit einer Meinung können wir allein durch Beobachtungen, durch ihre Übereinstimmung mit den Fakten rechtfertigen. Wenn sich aber beispielsweise unsere mathematischen Erkenntnisse als wahr herausstellen würden, dann ist es unmöglich, sich ein Universum vorzustellen, in welchem sich unsere mathematischen Wahrheiten als falsch herausstellen würden. Man mag also Mills Kritik einer intuitiven Rechtfertigung von Erkenntnissen durch die Annahme der Undenkbarkeit des Gegenteils zustimmen, ohne dabei den Unterschied von empirischen Sätzen („Die Sonne scheint.") und mathematischen Sätzen („2 + 2 = 4") einzuebnen.

Das dritte Buch „Of Induction" enthält die wichtigsten Neuerungen von Mills *Logik*. Die Induktion definiert er als eine Operation des Entdeckens und des Beweisens von allgemeinen Propositionen (SL 284). Eine echte Induktion schließt immer vom Bekannten auf das Unbekannte. Mill ist aber nicht daran interessiert, das Problem der Induktion von Hume zu lösen. Der Herausforderung eines radikalen Skeptizismus begegnet Mill nicht; er kennt diese Herausforderung wohl gar nicht (Scarre 1989, 83f.). Nehmen wir das Beispiel der Kausalität. Für Hume gibt es keinen guten Grund für einen Schluß von mehreren Einzelbeobachtungen auf eine allgemeine Schlußfolgerung (1984, 45). Mill jedoch zieht das Postulat einer Gleichförmigkeit der Natur nicht ernsthaft in Zweifel. Er interessiert sich vielmehr für die Ausarbeitung eines differenzierten Instrumentariums zur Erforschung von kausalen Beziehungen. Bei seinen vier berühmten Methoden der experimentellen Forschung (SL 388–406) stand neben Francis Bacon, dem „Begründer der induktiven Philosophie" (SL 313), eine Reihe bedeutender Wissenschaftler Pate: Auf John Herschel (1830, 104; zit. nach Scarre 1989, 206) geht die von Whewell so benannte Methode der Rückstände zurück (1858, 216; vgl. SL 397); Justus Liebig macht von den induktiven Methoden in der Chemie, Michael Faraday bei der Entdeckung der Elektrizität Gebrauch (zu den Beispielen vgl. SL 407–433). Auch der Soziologe Auguste Comte bedient sich einer Kombination verschiedener induktiver Methoden (1830/42, Vol. III., 321; zit. nach SL 393). Diese Methoden können uns dabei helfen, entweder die Ursache einer gegebenen Wirkung oder aber die Wirkung für eine gegebene Ursache herauszufinden. Mill spricht von vier Methoden („methods"), formuliert aber fünf Regeln („canons") der Induktion. Die dritte Regel resultiert nämlich aus einer Kombination der ersten und der zweiten Methode.

1. Die *Methode der Übereinstimmung* (SL 388) ist die einfachste der vier Methoden. Wenn ich mir die Frage vorlege, welche Wirkungen der Umstand A auslösen wird, dann kombiniere ich diesen Umstand A mit verschiedenen anderen Umständen. Wenn eine Kombination von Umständen ABC etwa den Komplex von Wirkungen abc zur Folge hat, und wenn gleichzeitig die Kombination von ADE die Wirkungen ade zur Folge hat, dann läßt sich nach der Methode der Übereinstimmung daraus schließen, daß weder b noch c noch d noch e die Wirkung von A ist. Allein a ist in beiden Folgen vorhanden, und daraus läßt sich folgern: a ist die Wirkung von A. Zum Beispiel: Lege ich mich in die pralle Sonne (A), dann bekomme ich einen Sonnenbrand (a); keine Rolle spielt dabei, ob ich mich in Mexiko (AM) oder in Tunesien (AT) in die Sonne lege. AM und AT stimmen allein in puncto Sonnenschein (A) überein, also muß er die Ursache für meinen Sonnenbrand sein.

Anhand der Methode der Übereinstimmung können wir die Wirkung einer gegebenen Ursache feststellen. Sehr viel schwieriger wird allerdings die Anwendung der Methode der Übereinstimmung, wenn wir die Ursache einer gegebenen Wirkung ermitteln wollen. Hier können wir nämlich allein Beobachtungen anstellen; Experimente können wir zur Ermittlung der unbekannten Ursache eines Phänomens nicht durchführen. Höchstens durch einen Zufall könnten wir bei einem Experiment auf die wirkliche Ursache eines Phänomens stoßen (SL 389). Für die Bestimmung der Ursache, der hinreichenden Bedingungen für das Eintreten eines Ereignisses, das sieht Mill nicht, ist die Methode der Übereinstimmung keine eliminative, sondern nur eine enumerative Methode der Induktion (v. Wright 1957, 74; Skorupski 1989, 185f.). Außerdem kann die Methode der Übereinstimmung nicht die Frage beantworten, das weiß Mill sehr gut (SL 434ff., 520), ob die betreffende Wirkung a nicht vielleicht durch verschiedene Ursachen hervorgebracht wurde. Sie führt, da es die Möglichkeit einer Pluralität von Ursachen gibt, höchstens zu einer hinreichenden, nicht aber zu einer notwendigen Ursache. So ist es denkbar, daß der Sonnenbrand durch jeweils andere Umstände verursacht wurde. In Mexiko könnte es das Essen und in Tunesien das Meer sein, welche den Sonnenbrand verursacht haben. Eine letzte Sicherheit über den kausalen Zusammenhang von A und a gibt uns die Methode der Übereinstimmung dann nicht, wenn wir es mit einer Vielzahl von möglichen Ursachen ein und desselben Phänomens zu tun haben. Problematisch ist diese Methode außerdem für sogenannte Epiphänomene. Ein Ereignis a könnte immer nach dem Eintreten eines Ereignisses A auftreten, und deshalb nehmen wir an, A sei die Ursache von a. Tatsächlich könnten A und a aber unabhängig voneinander und von einem dritten Ereignis U verursacht worden sein. Unter bestimmten Umständen könnte dann A eintreten, ohne daß a die Folge wäre.

2. Hier hilft die *Methode des Unterschieds* bzw. die *Differenzmethode* weiter (SL 391). Mit ihr können wir die notwendigen Bedingungen für ein Ereignis ermitteln; nur läßt sie uns wiederum bei den hinreichenden Bedingungen im Stich. Mit ihr versuchen wir die Frage zu beantworten, ob a auch in der Abwesenheit von A noch beobachtet werden kann, ob ich mir also in Mexiko oder in Tunesien selbst dann einen Sonnenbrand zuziehe, wenn keine

Sonne scheint. Es zeigt sich, daß in der Abwesenheit von A allein durch die Kombination der Umstände BM oder CT die Wirkung a nicht auftritt. Daraus läßt sich auf den kausalen Zusammenhang von A und a mit größerer Sicherheit als durch die Methode der Übereinstimmung schließen. Die Differenzmethode ist daher besser für experimentelle Zwecke geeignet. Es ist oft sehr viel einfacher, eine Ursache künstlich zu eliminieren, als die Wirkungen aller möglichen Ursachenkombinationen zu beobachten.

Die Übereinstimmungsmethode kann höchstens die notwendigen Bedingungen von a eliminieren, nicht aber die hinreichenden Bedingungen. Fragen wir uns wieder nach der Ursache unseres Sonnenbrandes in Mexiko und ziehen alternative Erklärungsmöglichkeiten in Betracht: den Taco, den wir in Mexiko essen (M), die Sonne, die in Mexiko scheint (A), und ein Besuch in einem mexikanischen Solarium (S). Sowohl aufgrund von MA als auch von MS kann man sich einen Sonnenbrand (a) zuziehen. Doch nicht das Essen (M) war die wirkliche Ursache, sondern einmal die Sonne (A), ein andermal das Solarium (S). Deshalb stellt die Methode der Übereinstimmung auch nur ein sehr schwaches Instrument dar. Sie isoliert allein die notwendigen Bedingungen. Eine Ursache im strengen Sinn ist aber nur eine hinreichende Bedingung (v. Wright 1957, 73; vgl. Mackie 1974, 297ff.). Und deshalb erfüllt die Methode der Übereinstimmung bei Mill ihren Zweck nur zur Feststellung der Wirkung einer gegebenen Ursache, nicht aber (das übersieht Mill nach Ryan 1970, 49, der hier auf v. Wright Bezug nimmt) für die Auffindung einer Ursache für eine gegebene Wirkung. Die Differenzmethode läßt sich dabei sowohl für die Ermittlung von Wirkungen aus gegebenen Ursachen wie umgekehrt für die Ermittlung der Ursachen von gegebenen Wirkungen anwenden. Denn im letzteren Fall eliminiere ich einfach die gegebene Wirkung und frage nach den Umständen, die alle anderen zugleich vorkommenden Wirkungen zur Folge haben.

Die beiden verbleibenden Methoden sind 3. die *Restmethode* bzw. die *Methode der Rückstände* (SL 397) und 4. die *Methode der begleitenden Veränderungen* (SL 398). Die Methode der Rückstände bezeichnet Mill als eines der wichtigsten Instrumente für die Entdeckung von Naturgesetzen (SL 398): Wenn wir ausgehend von den Antezedenzien ABC und den Konsequenzen abc bereits aus vorhergehenden Induktionen wissen, daß A die Ursache von a und B die Ursache von b ist, dann können wir daraus folgern, daß C die Ursache der verbleibenden Wirkung c ist. Die Methode der begleitenden Veränderungen eignet sich für den Fall, daß bestimmte Ursachen nicht eliminiert oder jedenfalls nicht isoliert werden können, wie z. B. die Hitze oder die Gravitation. Aus der Tatsache, daß alle anderen Umstände gleichbleiben, und nur eine einzige Variation auftritt, die eine neue Konsequenz zur Folge hat, können wir trotzdem schlußfolgern, daß eben diese Variation die Ursache der neuen Konsequenz darstellt. Den Einfluß des Mondes können wir nicht eliminieren. Aber wenn es allein die Veränderungen dessen Standortes sind, die mit bestimmten Zeiten von Ebbe und Flut korrelieren, dann läßt sich mit der Methode der begleitenden Veränderungen auf einen kausalen Zusammenhang von Mondbewegungen und Ebbe und Flut schließen.

Bereits William Whewell wendet nun gegen Mills vier induktive Methoden ein (1860, 263 f.; zit. nach SL 429 f.), daß die wissenschaftliche Theoriebildung mit diesen Methoden nicht zutreffend beschrieben sei. Nach Whewell sind vielmehr Hypothesen, z. B. die Annahme eines lichtführenden Äthers oder der natürlichen Selektion von Arten, aus denen wir Schlüsse ableiten, die mit den beobachteten Fakten übereinstimmen (SL 490), die wichtigsten Instrumente der wissenschaftlichen Arbeit. Diese Annahmen sind nicht aus der Beobachtung abzuleiten, dennoch ganz wesentlich am Erkenntnisfortschritt beteiligt. Nach Whewell können Wissenschaften nicht rein induktiv-empirisch vorgehen. Doch Whewell verfehlt bei diesem Einwand wohl seine Zielscheibe. Denn Mill geht es nicht primär um eine Erklärung der Entdeckung wissenschaftlicher Theorien. Mill wendet sich ja selbst gegen eine rein empirische Schule (SL 431; vgl. Abschnitt II.4) und gesteht gerne ein, daß Hypothesen im tatsächlichen Forschungsprozeß eine wichtige Rolle spielen (SL 296, 454 ff., 490–508). Er nennt sie sogar „absolut unentbehrlich" (SL 496). Im Vergleich zu seinen Zeitgenossen brachte er damit den Hypothesen ein viel größeres Maß an Sympathie entgegen, als es aus heutiger Sicht den Anschein hat (vgl. Laudan 1981, 183). Nur läßt er Hypothesen eben nicht als Beweismittel gelten (CW X, 291 f.; zur Debatte Mill-Whewell vgl. Jevons 1874/1958, 227 ff.; Strong 1955; Buchdahl

1971; Laudan 1981, 134f.; Achinstein 1992). Eine bloße Übereinstimmung mit den Fakten, das ist für Mill der entscheidende Punkt, beweist gar nichts. Verschiedene, sich widersprechende Hypothesen können mit den Fakten übereinstimmen (SL 500). Die Hypothese eines lichtführenden Äthers befand sich damals im Einklang mit allen Beobachtungen, trotzdem ist sie falsch.

Mill weist darauf hin, daß er sich in der Logik nicht primär mit der *Entdeckung*, sondern mit der Frage der *Geltung* wissenschaftlicher Erkenntnisse beschäftigt. Und auf diese letztere Frage können Hypothesen keine Antwort geben. Allein mit Hilfe induktiver Methoden können Vermutungen auch bewiesen werden. Nicht bei der Formulierung also von Kausalgesetzen spielen Mills Methoden die entscheidende Rolle; sie sind vielmehr bei der empirischen Bestätigung von Kausalgesetzen das unverzichtbare Instrument (Ryan 1974, 81). Wenn Entdeckungen überhaupt durch Beobachtungen und Experimente gewonnen werden, dann sind auch seine vier Methoden der Induktion Methoden der Entdeckung von neuen Erkenntnissen. Selbst wenn sie aber nicht Methoden der Erkenntnisgewinnung wären, würden sie weiterhin Beweismethoden der Gültigkeit von Erkenntnissen bleiben. Der Logik kommt es eben entscheidend auf die Begründung, nicht auf die Entdeckung von einzelnen Erkenntnissen an (SL 432).

3. Gleichförmigkeit der Natur

Wie läßt sich das induktive Verfahren seinerseits rechtfertigen? Weshalb sind wir berechtigt, vom Besonderen auf das Allgemeine zu schließen? Für Hume sind unsere Erwartungen bezüglich kausaler Zusammenhänge allein das Produkt der Gewohnheit. Eine gesicherte Erkenntnis, daß zwei Billardkugeln nach einem Zusammenprall nicht in voller Ruhe verharren werden, gibt es nicht (Hume 1984, 40). Humes sogenannter Naturalismus, seine Annahme, daß selbst unsere Erkenntnisse, unsere geistigen Aktivitäten, die Entstehung und Veränderung unserer Meinungen und Wünsche in einen natürlichen Ursache-Wirkung-Zusammenhang eingebettet seien und nicht rational, durch Gründe, gesteuert werden können, mündet in einen erkenntnistheoretischen Skeptizismus (Skorupski 1989, 7f.). Denn Hume zufolge läßt sich das

Prinzip einer Einheitlichkeit der Natur selbst nicht mehr induktiv rechtfertigen.

Mill weiß, daß er für den Induktionsschluß der Prämisse einer Gleichförmigkeit der Natur bedarf, der Annahme, daß die Natur gewissen Gesetzmäßigkeiten gehorcht. Insbesondere hängt die Gültigkeit der induktiven Methode von der Annahme ab, daß jedes Phänomen eine Ursache hat (SL 562). Wir dürfen nur deshalb vom Besonderen auf das Allgemeine schließen, weil die Natur allgemeinen Gesetzmäßigkeiten unterworfen ist. Dieses Prinzip rechtfertigt nicht jeden beliebigen Induktionsschluß, doch es ist eine notwendige Bedingung dafür, daß eine induktive Schlußfolgerung als begründet angesehen werden kann (SL 308).

Mit unseren Intuitionen allein läßt sich nun diese Annahme nicht rechtfertigen, denn ihr Gegenteil ist für Mill nicht undenkbar. So ist es für ihn durchaus vorstellbar, daß es in einem anderen Teil des Universums keine ursächlichen Zusammenhänge zwischen Ereignissen geben könnte (SL 565; vgl. SL 575). David Hume meint deshalb, auf eine Fundierung der naturwissenschaftlichen Erkenntnisse verzichten zu müssen; Mill schlägt dagegen eine bis heute beispielhafte Strategie der Begründung vor. Mill ist ja von vornherein nicht auf einen Beweis im strengen Sinne dieses Axioms einer Gleichförmigkeit der Natur angewiesen, da seine Konzeption des Syllogismus ohnehin erfordert, den Obersatz als das Resultat vorhergehender Induktionen zu verstehen. Ein Paradox entsteht nur für den Anhänger einer (von Mill kritisierten) Theorie von Vernunftschlüssen, nach welcher der Obersatz als der Beweis für den Schlußsatz gilt (SL 572). Doch Mill hat bei seiner Behandlung des Syllogismus gezeigt, daß der Obersatz nicht als Beweis einer Schlußfolgerung gelten kann, sondern seinerseits zusammen mit der empirischen, aus Beobachtungen gewonnenen Evidenz begründet wird (SL 572).

So kommt es in bezug auf diese Annahme zu einer wechselseitigen Bestätigung von besonderen Einzelfällen und der Vermutung einer allgemeingültigen Gesetzmäßigkeit. Ein Gleichgewicht von Überlegungen pendelt sich nach und nach ein, die ihrerseits aus verschiedenen Quellen, einzelnen Beobachtungen und dem Bedürfnis, allgemeine Regeln und Gesetzmäßigkeiten aufzustellen, entspringen. Mit einem streng wissenschaftlichen Beweis haben wir es hier nicht zu tun. Man kann aber von einer Reihe verschiedenen Quellen entspringender und in die gleiche Richtung weisender Erwägungen sprechen, „die geeignet sind, den Geist entweder zur Zustimmung oder zur Verwerfung der Theorie zu bestimmen. Und das kommt einem Beweis gleich." (U I, 5) Die von Nelson Goodman (1955, § 4) entwickelte und von John Rawls (TG, § 9 und § 87) auf dem Gebiet der Moraltheorie fruchtbar gemachte Methode des Überlegungsgleichgewichts beruht übrigens auf einem vergleichbaren zirkulären Vorgehen zwischen empirisch-induktiven und intuitiv-deduktiven Elementen (vgl. Abschnitt VI.2).

Hier, wie schon bei der Frage nach der Aposteriorität der mathematischen Wahrheiten, drängt sich jedoch der Einwand auf, daß wir über keinerlei Möglichkeiten verfügen, eine gesetzlose Aufeinanderfolge von Ereignissen festzustellen. Angenommen, wir befänden uns in dem Teil des Universums, in welchem das Kausalitätsprinzip nicht gilt, so gäbe es immer Grund zur Annahme, daß wir, sollten wir auf neue, ungewohnte Ereignisabfolgen stoßen, die wahren Ursachen noch nicht kennen. Die formlose Sukzession von Ereignissen wäre also eher ein Zeugnis für unser Nichtwissen als für die Abwesenheit ursächlicher Verkettungen zwischen den Ereignissen. Mill verkennt, daß das Kausalitätsprinzip keine materiale Erkenntnis darstellt, sondern die Form bildet, in welche unser gesamtes Erfahrungswissen gegossen ist. Der Satz „Jedes Ereignis hat eine Ursache." läßt sich nicht anhand der Erfahrung widerlegen. Trotzdem ist er keine Tautologie, keine bloß verbale Proposition; er zählt zu den realen Propositionen, die wohl empirisch bestätigt, nicht aber empirisch begründet werden können.

Mill meint nun, er könne annehmen, daß das Gesetz der allgemeinen Verursachung selbst nur eine empirische Verallgemeinerung darstellt. Die Voraussetzung für die Möglichkeit des Induktionsschlusses ist selbst durch einen Induktionsschluß gewonnen. Das ist deshalb kein Zirkel, weil Mill davon ausgeht, daß es zwei verschiedene Möglichkeiten einer induktiven „Beweis"-Führung gibt. Die durchgehende Gleichförmigkeit der Natur wird durch eine unwissenschaftliche, enumerative und nicht durch die eliminative Form der Induktion gestützt (SL 567). Einzelne ursächliche Zusammenhänge werden dagegen durch das Axiom der Einheitlichkeit der Natur einerseits, durch die wissenschaftlichen Formen der Induktion andererseits begründet. Und jede besondere Induktion, die sich als richtig erweist, ergibt damit eine zusätzliche Stütze für das allgemeine Prinzip einer Einheitlichkeit der Natur: Es fügt zum Beweis jeder einzelnen Induktion genausoviel hinzu, wie es von jeder einzelnen Induktion ihrerseits zusätzliche Beweisgründe erhält (SL 570). Die offensichtlichen Einförmigkeiten auf bestimmten Gebieten weisen in eine gemeinsame Richtung: die Annahme einer Gleichförmigkeit der Natur (SL 306, 526). Und letztere erlaubt uns die Rechtfertigung auch weiterer, nicht offensichtlicher Einförmigkeiten (SL 567). Im Fortschritt der Wissenschaften versichern wir uns auf diese Weise nach und nach der Grundlagen unseres Tuns (U I, 2).

Wenn das Postulat einer Gleichförmigkeit der Natur nicht a priori, auf dem Wege der Undenkbarkeit des Gegenteils, begründet werden kann, so ist es nun doch bezeichnend, daß Mill auch nicht annimmt, daß es jemals auf aposteriorischem Wege vollständig begründet werden kann. Zweifel und die Möglichkeit des Gegenteils bleiben immer offen. Damit gibt Mill aber nicht die Grundannahme seines radikalen oder globalen Empirismus preis, nach welcher reale Propositionen nur empirisch begründet werden können. Er nimmt – vor allem in den Schriften nach der Veröffentlichung der *Logik* – nur eine Einschränkung vor, wenn er sich hinsichtlich der Reichweite seines Empirismus auch nicht immer ganz sicher war: Nicht alle realen Propositionen können begründet werden, manche Propositionen, z.B. der Satz des Widerspruchs, bedürfen eventuell überhaupt keiner Rechtfertigung (vgl. Scarre 1989, 139–144). Sie sind nicht, wie die Apriori-Schule annimmt, unmittelbar einsichtig und durch sich selbst gerechtfertigt. Aus der Kritik des Apriori folgt also nicht notwendig eine universelle Reichweite der aposteriorischen Rechtfertigung. Manche Annahmen mögen uns gute Dienste leisten, auch wenn sie nicht aus der Erfahrung herzuleiten sind. Mills Empirismus bleibt global, weil er keine anderen Quellen der Rechtfertigung neben der Erfahrung zuläßt; doch er ist nicht dogmatisch, weil er eben nicht annimmt, alle Sätze begründen zu können.

Durch die Annahme etwa, es gebe Wunder, könnte das Postulat einer Gleichförmigkeit der Natur in Frage gestellt werden. Mill sieht zwar Wunder in seiner Abhandlung über den *Theismus* als „ganz überwiegend unwahrscheinlich" (Th 195) an, will deren

Möglichkeit jedoch nicht kategorisch ausschließen. Wenn die Existenz Gottes als wahrscheinlich gelten darf (vgl. Abschnitt V.3), dann müssen wir auch die Möglichkeit von Wundern, von übernatürlich verursachten Verstößen gegen die Naturgesetze (Th 184ff.) zulassen.

Nach Hume sind Zeugnisse von Wundern unglaubwürdig (vgl. Abschnitt 10 „Über Wunder" seiner *Untersuchung über den menschlichen Verstand*, der sich gegen Lockes Rechtfertigung von Wundern im *Versuch über den menschlichen Verstand* IV, 18, § 8 richtet), weil sie unserer eigenen Erfahrungskenntnis widersprechen. Nach Mill (SL 622–632) muß aber die Unwahrscheinlichkeit eines Ereignisses, der Widerspruch zu unserer Erfahrung, nicht gleichbedeutend mit einer Verletzung des Postulats der Gleichförmigkeit der Natur sein. Es könnte sein, daß wir nicht alle Naturgesetze kennen, und daß ein Ereignis, das im Widerspruch zu unserer bisherigen Erfahrung steht und den Naturgesetzen zu widersprechen scheint, sich bei einer Erweiterung unserer Kenntnisse als mit diesen vereinbar erweist. Zeugnisse von angeblichen Wundern können oft mit dem geringen Kenntnisstand früherer Kulturen erklärt werden. Kometen und Sonnenfinsternisse, die wir uns heute durch die Naturgesetze erklären können, konnten lange Zeit als übernatürliche Erscheinungen, als Wunder gelten (Th 185). Solange daher eine innerweltliche Erklärung der betreffenden Ereignisse möglich erscheint, sollten wir auf übernatürliche Erklärungen verzichten und der Hypothese einer natürlichen Ursache den Vorzug geben (Th 190). Dennoch läßt sich nach Mill ein Verstoß gegen das Postulat der Gleichförmigkeit der Natur und damit auch die Möglichkeit von Wundern nicht grundsätzlich ausschließen.

Damit habe ich Mills *System der Logik* in seinen Grundrissen vorgestellt: Apriorisches Wissen ist nicht möglich; allein mit Schlüssen, die von der Erfahrung ausgehen, können wir unser Wissen rechtfertigen. Jedenfalls, so eine gemäßigtere Formulierung Mills, liegt die Beweislast immer auf den Schultern des Anhängers der apriorischen Methode (SL 232): Er muß zeigen können, daß die Erfahrung nicht in allen Fällen ausreicht. Mindestens solange wir uns durch Beobachtungen und Erfahrungen eines Besseren belehren können, haben wir keinen guten Grund, uns auf angebliche Vernunftwahrheiten zu berufen.

Drei mögliche Einwände gegen diese These seien abschließend noch einmal angesprochen. Ein erster, immanenter Einwand geht darauf, daß der Verzicht auf apriorisches Wissen – etwa auch in der Mathematik – nicht Hand in Hand mit der Forderung einer Rechtfertigung durch eine enumerative Induktion geht. Die Hypothesenbildung, die Konstruktion von allgemeinen Prinzipien, mag mit der Ablehnung apriorischen Wissens vereinbar sein, ohne sich in die Fallstricke eines radikalen Empirismus à la Mill zu verwickeln. Ein zweiter, externer Einwand geht darauf, daß Mill die Herausforderung des Skeptizismus unterschätzt bzw. nicht wahrnimmt. Warum ist überhaupt Wissen über die Wirklichkeit möglich? Diese Frage, die vor allem Hume und Kant beschäftigt hat, stellt sich Mill jedoch deshalb nicht, weil er die erfolgreiche wissenschaftliche Praxis als Grund genug dafür ansieht, ihren Resultaten ein hohes Maß an Vertrauen entgegenzubringen. Der dritte fundamentale Einwand gegen Mills These, daß Rechtfertigung von Wahrheit auf empirischem Wege zu geschehen habe, wird sich insbesondere auf dem Gebiet der Ethik als wichtig erweisen. Zwar unterscheidet Mill, hier einen Einwand Whewells zurückweisend, die induktive Verallgemeinerung ausdrücklich von Vorgängen, die bloß „von einem animalischen Impuls" ausgelöst und gesteuert werden (SL 287; vgl. Scarre 1989, 67f.). Trotzdem scheint es, daß die Fähigkeit zur Formulierung allgemeiner Sätze kein notwendiger Bestandteil des induktiven Schließens ist. Deshalb können auch Kinder und Tiere aus der Erfahrung Schlüsse – vom Besonderen direkt wieder auf das Besondere – ziehen (SL 188). Wenn Mill unsere Fähigkeit zum Schließen nur auf einen Hang zur Verallgemeinerung (SL 204), auf eine natürliche Neigung unseres Geistes (SL 312) zurückführt, ist der Unterschied zwischen einem impulsgesteuerten und einem vernunftorientierten Schließen in Frage gestellt. Dann droht aber auch die Frage nach der Rechtfertigung von Wahrheit insgesamt obsolet zu werden. Ein ähnliches Problem wird uns in der Ethik begegnen, wo es um die Rechtfertigung des moralischen Sollens geht: Auch dort wird die Frage nach den Gründen unseres Handelns nicht mit der Frage nach dessen Triebfedern gleichzusetzen sein.

4. Geistes- und Sozialwissenschaften

Das sechste und letzte Buch der *Logik*, ihr „Appendix" (SL 835), ist mit „On the Logic of the Moral Sciences" überschrieben. Mill wendet sich hier den neuen Aufgaben der Erklärung und der Rechtfertigung menschlichen Handelns zu. Er spricht zwar auch von einem „Wissen der Pflichten", von einem „moralischen Wissen" (SL 942); den Ausdruck „moralische Wissenschaften" verwendet er aber oft als gleichbedeutend mit „psychologischen" oder „mentalen" Wissenschaften (CW IV, 316). Wir übersetzen den Titel daher am besten mit einer „Logik der Geistes- und Sozialwissenschaften". Der Begriff „Geisteswissenschaften" ist den ersten deutschen Lesern zufolge auch nicht durch Hegel, sondern „vorzugsweise durch Mill in die neuere Literatur eingedrungen" (Wundt 1909, 60; vgl. Dilthey 1922, 5).

Nach Mill hat man bisher versäumt, die Methoden der Naturwissenschaften auch für den Bereich der Geistes- und Sozialwissenschaften fruchtbar zu machen. Daraus erklärt sich, daß letztere den großen Fortschritten der ersteren hinterherhinken (SL 313; U I, 1–3). Zwar bedarf es bei der Übertragung der naturwissenschaftlichen Methode einer Anpassung an die Eigenheiten des menschlichen Geistes. Grundsätzlich ist für Mill der menschliche Geist aber ein natürliches Phänomen wie der Sonnenaufgang oder die Elektrizität und wie diese auch bestimmten Gesetzmäßigkeiten, „Gesetzen des Geistes" (SL 849ff.), unterworfen.

Der Versuch, menschliches Handeln mit naturwissenschaftlichen Methoden zu erklären, widerspricht jedoch unserer Annahme, wir seien mit einem freien Willen ausgestattet (SL 835). Allein die große Datenfülle macht bei Mill den Unterschied von Natur- und Sozialwissenschaften aus (SL 847). Selbst manche Naturwissenschaften, die Astronomie in ihren Anfängen und die Meteorologie (SL 844), lassen aufgrund dieser Datenfülle keine exakten Voraussagen zu. Zwar haben die Neukantianer Mill für die Angleichung der Methoden der Geistes- an die Methoden der Naturwissenschaften kritisiert. Joseph Schumpeter spricht aber von einem „entschärften Naturalismus": Mill habe die naturwissenschaftlichen Methoden so „gründlich verwässert", daß für die Geisteswissenschaften kein größerer Schaden entstanden sei (1965, 566).

Im zweiten Kapitel des sechsten Buches zeigt Mill, daß uns die Alternative Freiheit versus Notwendigkeit auf eine falsche Fährte führt. Zum einen seien auch unsere Handlungen verursacht. Sie könnten vorhergesagt werden, wüßten wir nur alle Umstände, die sie beeinflussen (SL 837). Sie sind also nicht Resultat eines mysteriösen, der Beobachtung entzogenen freien Willens. Sie sind aber auch nicht einer ebenso mysteriösen Naturnotwendigkeit, einer geheimnisvollen Kraft, die von einer bestimmten, unwiderstehlichen Ursache ausgeht, unterworfen (SL 858). Wir haben uns von einem Kausalitätsbegriff zu verabschieden, der ein real existierendes Band zwischen zwei Ereignissen, die Unabänderlichkeit der Abfolge von Ereignissen, annimmt. Unsere Handlungen sind deshalb nicht absolut vorherbestimmt. Sie sind von Motiven verursacht, deren Entstehung und Ausbildung wir beeinflussen können. Selbst ohne den freien Willen bleibt uns Raum für die Entfaltung eines Charakters.

In seiner 26 Jahre später erscheinenden *Überprüfung der Philosophie Sir William Hamiltons* greift Mill das Problem in Kapitel XXVI „Über die Willensfreiheit" unter dem Aspekt des Verhältnisses von freiem Willen, moralischer Verantwortlichkeit und gesellschaftlicher Strafbefugnis wieder auf. Der Intuitionist Hamilton bezieht sich auf ein direktes Zeugnis unseres Bewußtseins von der Willensfreiheit und gleichzeitig auf ein indirektes Zeugnis der Willensfreiheit durch das Bewußtsein unserer moralischen Verantwortlichkeit (WH 442). Direkte Zeugnisse des Bewußtseins läßt der Empiriker Mill nicht gelten. Außerdem sage ihm sein Bewußtsein nichts über eine Willensfreiheit. „Hätte ich es vorgezogen" (WH 450), hätte ich tatsächlich anders handeln können. Für die Willensfreiheit ist das aber kein Beleg: Es ist immer der stärkste augenblickliche Wunsch, der uns zur Handlung bewegen wird (WH 453).

Aber auch ein indirektes Zeugnis für die Willensfreiheit erkennt Mill nicht an. Der Sozialreformer Robert Owen (1813) hat etwa aus der Erkenntnis einer durchgängigen Verursachung unserer Handlungen den Schluß ziehen wollen, daß man den Menschen nicht für sein Tun zur Verantwortung ziehen und daß es daher auch keine Rechtfertigung für die Bestrafung geben könne (vgl. WH 453). Mill entgegnet Owen (und damit auch Hamilton), daß es zur Rechtfertigung einer Strafbefugnis der Willensfreiheit nicht notwendig bedürfe. Im Gegenteil: Die Berechtigung der Strafe sei gerade auf die Möglichkeit der Beeinflussung des menschlichen Willens durch äußere Sanktionen angewiesen. Eine Bestrafung wäre unrechtmäßig, hätte sie keine Wirkung auf „die Handlung des Willens" (WH 458). Wäre der Wille völlig frei, dann würde die Bestrafung ihren einzig legitimen Zweck einer Beeinflussung des Handelns verfehlen und damit ihre einzig mögliche Berechtigung verlieren.

Die Annahme eines freien Willens widerspricht nicht nur dem naturwissenschaftlichen Weltbild. Sie wird auch für unsere Idee der moralischen Verantwortlichkeit nicht benötigt. Unserem Selbstverständnis widerspricht diese Theorie deshalb nicht, so Mill, da sie uns durchaus Einflußmöglichkeiten, ein Mitbestimmungsrecht über unsere Handlungen einräumt. Insofern wir uns bestimmten Einflüssen aussetzen, tragen wir zur Formung und Prägung unseres Charakters und damit auch zur Bestimmung unserer zukünftigen Handlungen selbst mit bei. Allerdings kann man Mill den Vorwurf machen, daß diese Charakterbildung wiederum selbst ein von physikalischen Ursachen gesteuerter Prozeß ist. Der Bestimmung von Handlungen aufgrund der Einsicht in die besseren Gründe kommt in dieser Handlungstheorie kein angemessener Platz zu.

Das Hauptinteresse dessen, was Mill im Anschluß an seine *Logik* unter dem Titel einer „Ethologie", einer Wissenschaft vom Charakter, entwickeln wollte, sollte in der Untersuchung der Gesetzmäßigkeiten bei der Ausbildung verschiedener Charaktertypen bestehen (SL 864f.). Die Ethologie, die Lehre, daß der menschliche Charakter nicht angeboren, sondern ein Produkt der Umstände ist, sollte den Platz einnehmen, den bisher die Anthropologie innehatte. Damit wäre ein großer Stolperstein in Richtung einer Besserung der Menschheit aus dem Weg geräumt (A 270) und der Einsicht Rechnung getragen, daß die menschliche Natur nicht konstant, sondern der Mensch durch seine Umstände geprägt ist. Allerdings ist Mills Entwurf einer Ethologie Programm geblieben und nie zur Ausführung gekommen; er hat sich aber weiter für die politische Ethologie (SL 904ff.), gerade etwa für die Unterschiede der Eigenheiten Frankreichs und Englands interessiert (vgl. RD 86; HF 226).

Das Herzstück der Logik der Geistes- und Sozialwissenschaften bildet für Mill eine spezielle Variante der deduktiven Logik. Wir können auf dem Gebiet des menschlichen Handelns zwar umfangreiche Beobachtungen anstellen. Die Möglichkeit des Experimentierens, der gesteuerten Variation eines Umstandes unter Beibehaltung anderer Umstände, steht uns dort aber nur eingeschränkt zur Verfügung (SL 384 f.; CW IV, 312). Zudem kann eine induktive Vorgehensweise nur empirische Gesetze aufstellen helfen, deren Reichweite begrenzt ist und die ihrerseits nach einer deduktiven Erklärung durch die allgemeinen Gesetze des menschlichen Geistes verlangen. Ein empirisches Gesetz drückt eine bestimmte Regelmäßigkeit der Aufeinanderfolge von Ereignissen aus, die innerhalb bestimmter Kontexte als wahr gelten kann (SL 861). Es enthält aber keine Erklärung der Ursachen dieser Regelmäßigkeiten.

Mill unterscheidet in der Folge vier sozialwissenschaftliche Methoden (SL VI, vii–x, 879 ff.): die chemische, die geometrische, die physikalische oder direkt deduktive und zuletzt die historische oder indirekt deduktive Vorgehensweise. Die chemische oder experimentelle Methode (SL 879 ff.) geht von Einzelheiten aus und betrachtet das komplexe Gemisch von verschiedenen Motiven des Menschen. Wir können menschliche Handlungen, so wendet der „Chemiker" T. B. Macaulay 1829 gegen James Mills geometrischen Ansatz in seinem Essay über die Regierung von 1820 ein, nicht von einem einzigen Motiv, dem Selbstinteresse, ableiten. Dieser chemische Ansatz, der bei Einzelbeobachtungen stehen bleibt und nicht zu Verallgemeinerungen fortschreitet, ist eine Spielart des Empirismus, die Mill ablehnt. Hier zeigt sich: Mill kämpft an zwei Fronten zugleich (Anschutz, 1963, 73 und 81 ff.). Wie die Intuitionisten kommen auch die Anhänger dieser Form des Empirismus (z. B. Edmund Burke) zu politisch konservativen Schlußfolgerungen.

Im Gegensatz zum Vorgehen des „Chemikers" glaubt ein „Geometer" (wie James Mill) an die Möglichkeit eines deduktiven Vorgehens in den Sozialwissenschaften (SL 887 ff.). Doch John Stuart Mill zufolge beruht die geometrische Methode auf einer Tautologie, oder ihre Annahme ist schlichtweg falsch. Die Aussage, daß die Menschen in ihren Handlungen von ihren Interessen geleitet werden, ist entweder trivial oder falsch. Nicht bei allen Handlungen sind die Menschen schließlich von ihren weltlichen

Interessen geleitet (SL 890; vgl. Abschnitt III.2). Werden ideelle Interessen auch zu den Interessen gezählt, dann handelt man sich die Richtigkeit der Theorie um den Preis ihrer Trivialität ein. Nur die politische Ökonomie bedient sich dieser Hypothese mit Gewinn (SL 901; vgl. Abschnitt IV.3).

Die physikalische oder konkret deduktive Methode weist nach Mill bereits in eine bessere Richtung (SL 895 ff.). Nicht die Geometrie, sondern die Astronomie kann hier als Modell dienen. Die Laufbahn der Sterne läßt sich nicht von einer einzigen Kraft deduzieren, sie resultiert aus dem Aufeinandertreffen verschiedener, einander widerstrebender Kräfte. Und so ist auch das menschliche Handeln in der Gesellschaft zu verstehen. Allein, es bleibt noch ein Unterschied, und deshalb verwirft Mill zuletzt auch die physikalische Methode zugunsten einer historischen oder invers deduktiven Methode (SL 911 ff.). Die physikalische Methode geht nämlich von gegebenen Ursachen aus und stellt Aussagen über deren Wirkungen auf. In den Sozialwissenschaften gehen wir meist jedoch von den Wirkungen aus und wollen deren Ursachen ermitteln. Im Unterschied zur Astronomie stehen uns etwa die allgemeinen Gesetze der Charakterbildung zur Zeit nicht zur Verfügung. Wir sehen uns mit bestimmten gesellschaftlichen Zuständen konfrontiert und wollen wissen, wie sie entstanden sind (SL 911 f.). Oder aber wir sind daran interessiert, bestimmte gesellschaftliche Zustände herbeizuführen und wollen wissen, welche Faktoren den gesellschaftlichen Fortschritt in der gewünschten Richtung beeinflussen helfen.

Die von Auguste Comte in seinen *Cours de philosophie positive* (1830/42, Bd. IV, 450 ff.) entwickelte historische oder invers deduktive Methode geht deshalb über die physikalische Methode hinaus und berücksichtigt auch die Gesetze der gesellschaftlichen oder charakterlichen Entwicklung. Während in der Physik bestimmte Gesetzlichkeiten zuerst aus allgemeinen Naturgesetzen deduziert und anschließend induktiv verifiziert werden, verfährt die Soziologie gerade umgekehrt. Durch Beobachtung und Induktion gewinnt sie bestimmte Gesetzmäßigkeiten, die sie anschließend durch Ableitungen aus den allgemeinen Gesetzlichkeiten des menschlichen Geistes verifiziert (CW X, 307).

Nicht beantworten kann die Logik die Frage nach dem Nutzen der Wahrheit. Es bedarf hierzu der Künste, welche die Bestimmung und Beförderung der verschiedenen Handlungszwecke zum Gegenstand haben. Zwar setzt die Ausübung einer jeden Kunst letztlich Wissen und deshalb auch die Kunst des logischen Schließens voraus (SL 4). Der letzte Zweck menschlichen Handelns ist nach Mill nun aber die Vermehrung der sinnlich erfahrbaren Lust. Der den einzelnen Künsten vorgeordneten Lebenskunst ist es somit aufgegeben, die diesen Zweck befördernden Regeln ausfindig zu machen.

III. Lust und Lebenskunst

Von den Wissenschaften sind die Künste bei Mill darin unterschieden, daß sie nicht auf die Wahrheit, sondern auf Sollensaussagen, auf die Realisierung bestimmter Zwecke abzielen (SL 943; vgl. CW IV, 312). Nicht die Begründung von Propositionen, das Aufstellen von Imperativen und Handlungsregeln zur Erreichung eines vorgegebenen Zwecks ist ihre Aufgabe. (Die Wissenschaft ist dabei selbst eine Kunst, die uns Wissen als Mittel zur Beförderung aller möglichen Zwecke bereitstellt (CW X, 379 f.).) Für die Zwecke der einzelnen Künste läßt sich kein Beweis führen. Nur die Mittel, die zur Realisierung der verschiedenen Zwecke notwendig sind, können einer rationalen Überprüfung unterworfen werden (SL 944). Denn die Folgen bestimmter Handlungen oder Institutionen lassen sich beobachten und, wenigstens ihrer Tendenz nach, vorhersagen.

Die Anordnung der verschiedenen Zwecke zu einem einheitlichen, lebensübergreifenden Zweck ist Aufgabe der höchsten Kunst, der Lebenskunst. Mill spricht auch von der Ethik als einer Teleologie, als einer Doktrin von Zwecken. Sie läßt sich in drei Bereiche unterteilen (vgl. neben SL 949; CW X, 112; U V, 14 und 15): die Ästhetik, die Klugheit und die Moral. Der Ästhetik geht es vor allem um die Pflege der Fähigkeit, „edlere Gefühle zu empfinden" (U II, 7). Sie nimmt eine Untersuchung der besonderen Inhalte, der Qualitäten unserer Lustempfindungen vor. Sie beurteilt Handlungen nach ihrer Schönheit, ihrer Noblesse. Die Klugheit ist der Maßstab, anhand dessen wir unsere Handlungen im Hinblick auf unseren eigenen Nutzen beurteilen; ein Teil der Lebenskunst gilt der Vermehrung unserer eigenen Lust. Anders als für Michel Foucault (1984, 57 f.) geht die Lebenskunst für Mill nicht in einer Ästhetik der Existenz auf. Sie erschöpft sich nicht in der Selbstsorge und verlangt uns die Berücksichtigung der Zwecke anderer Personen ab. Die Moral ist ein Teil der Lebenskunst.

Der Endzweck, der diese drei Bereiche miteinander zu verbinden und Konflikte zu schlichten erlaubt, so lautet die Grundidee von Mills utilitaristischer Ethik, ist dabei der größte Nutzen aller Menschen. Die Aufgabe der Lebenskunst ist die Vermehrung des gemeinsamen Nutzens der Menschheit; sie enthält zwar die Klugheit, ist aber nicht mit einem rücksichtslosen Egoismus zu verwechseln (CW X, 71 und 184). Auch für den Zweck der Lebenskunst, den größten Gesamtnutzen, läßt sich aber kein letzter Grund angeben. Der Begriff des Nutzens ist für Mill synonym mit den Begriffen Glück oder Lust. Mit diesem Gedanken beendet Mill sein *System der Logik*; entfaltet wird er in seiner Abhandlung zum *Utilitarismus*. Zur Anwendung kommt dieser Grundsatz, den er „als letzte Berufungsinstanz in allen ethischen Fragen" (F I, 11) ansieht, dann auch in seinen politischen Schriften *Über die Freiheit* und in den *Betrachtungen über die repräsentative Demokratie*.

Das „fundamentale Axiom" der Lebenskunst, den „einzigen und hinreichenden Grund für jede Praxis", übernimmt Mill von Jeremy Bentham (FG I, 48; IP I, 2): das Prinzip der Nützlichkeit bzw. das Prinzip des größten Glücks: „Die Auffassung, für die die Nützlichkeit oder das Prinzip des größten Glücks die Grundlage der Moral ist, besagt, daß Handlungen insoweit und in dem Maße moralisch richtig sind, als sie die Tendenz haben, Glück zu befördern, und insoweit moralisch falsch, als sie die Tendenz haben das Gegenteil von Glück zu bewirken." (U II, 2; für eine erste Fassung vgl. SL 951) Dabei sieht Mill, das macht er in seinen *Grundsätzen der politischen Ökonomie* deutlich, nicht die absolute Summe des Glücks aller Menschen, sondern den größten durchschnittlichen Nutzen aller Einzelmenschen als Kriterium von Recht und Unrecht an (PÖ 756).

Der Begriff des Glücks, des Nutzens, der diesem Prinzip zugrunde liegt, ist Mill zufolge nun aber „ein viel zu komplexer und unbestimmter Zweck" (CW X, 110), um unmittelbar und direkt als Handlungsanweisung fungieren zu können. Mill nimmt daher eine mehrfache Korrektur an der Benthamschen Doktrin vor. Zum einen gilt es nach Mill, die Qualität der Lustempfindungen nicht zu vergessen. Darüber hinaus gilt es, der Tatsache Rechnung zu tragen, daß die Menschen faktisch auch nach anderen Dingen streben als nur nach ihrem Glück. Schließlich bedarf der Standpunkt der Moral und der Gerechtigkeit einer Erklärung. Mit seiner Ästhetik, seiner Moralpsychologie und seiner Gerechtigkeitstheorie, das will ich in diesem Kapitel zeigen, formuliert Mill ein durchaus plausibles Ethik-Konzept.

1. Qualitativer Hedonismus

Auch in der Ethik wendet sich Mill gegen die Philosophie des Intuitionismus, gegen den Versuch einer apriorischen Begründung von Werten und moralischen Geboten. Er folgt Bentham, für welchen der Begriff der Naturrechte ohne Bedeutung ist: Von „Unsinn auf Stelzen" (1973, 269; bzw. 1843, Vol. II, 501) spricht dieser, und die Behauptung in der Erklärung der Menschen- und Bürgerrechte von 1789, wonach alle Menschen frei geboren seien, nennt er „einen absurden, erbärmlichen Unsinn" (1973, 262; bzw. 1843, Vol. II, 498). Die Idee eines Gesellschaftsvertrags ist für Bentham eine „reine Fiktion" (1973, 271), schlimmer noch, ein „Abkömmling von Falschheit und schlechten, verderblichen Interessen" (1988, 116). Mill, schon milder gestimmt, schreibt, daß „es nicht sehr zweckmäßig ist, einen Kontrakt zu erfinden, um dann soziale Verpflichtungen daraus abzuleiten." (F IV, 3; vgl. CW X, 380f.)

Die Moral soll eine Sache der vernünftigen Argumentation werden (CW X, 111). Mill stellt daher eine „induktive Schule der Ethik" gegen die „intuitionistische Schule der Ethik" (U I, 3; vgl. CW X, 37). Er sucht nach einem „äußeren Standard" (CW X, 179) für die Moral. Zu diesem Zweck geht er von dem aus, was die Menschen in ihrer Mehrzahl tatsächlich anstreben. Das gute Leben erfüllt sich für sie in der Lust, in der Anhäufung angenehmer Sinneserfahrungen; und die Lebenskunst steht im Dienste der Verwirklichung dieses Zwecks. Dabei gibt es in bezug auf die wichtigsten Regeln zur Bewerkstelligung dieses Zwecks eine weit größere Übereinstimmung zwischen den Menschen als im Bereich der „moralischen Metaphysik", die es mit den letzten Gründen zu tun hat und vom Streit rivalisierender Auffassungen bestimmt ist (CW X 110).

Im *Utilitarismus* herrscht ein defensiver Ton vor. Mill verteidigt die utilitaristische Ethik gegen verschiedene Einwände, er ist immer wieder um Klarstellungen, um die Behebung von Mißverständnissen bemüht. Ein erster Einwand hat seinen Ursprung im Begriff des Nutzens („utility"), dem der Utilitarismus seinen

Namen verdankt: Dieser Begriff des Nutzens laufe bloß auf ein mathematisches, mechanisches Kalkül hinaus (U II, 1); auf reale Freuden, auf die Befriedigung unserer Bedürfnisse werde hier keine Rücksicht genommen (U II, 20). Mill beruft sich auf den antiken Philosophen Epikur und entgegnet: Unter Nützlichkeit sei gerade „die Lust selbst und das Freisein von Schmerz" (U I, 1) zu verstehen. Schon Epikur geht es dabei nicht nur um die gegenwärtige Lust; wir haben auch die Folgen unseres Luststrebens für unser zukünftiges Wohlbefinden zu beachten. Mill vertritt einen ethischen Hedonismus, die Lehre, nach welcher alle Werte letztlich auf ein langfristiges Maximum an möglichst angenehmen Sinneserfahrungen zurückzuführen sind. Tugenden als solche sind nicht bewundernswert. Berechtigt ist ein Glücksverzicht nur dann, wenn er dem eigenen langfristigen Nutzen oder dem Glück anderer dient. Vom Asketentum, vom Verzicht, von der Verherrlichung des Opfers, vom „Entsagen" (mit Blick auf deutsche Romantiker benutzt er den deutschen Begriff: U II, 11) hält Mill genausowenig wie von den Stoikern, für welche die Lust kein Gut, das Leid aber auch kein Übel ist (CW X, 176; U II, 15; vgl. Benthams (IP II. 3–10) und Humes (1975, Abschn. IX) Kritik der „mönchischen Tugenden").

Ein zweiter Einwand gegen die utilitaristische Lehre lautet, diese beziehe sich nur auf niedere, minderwertige Formen der sinnlichen Lust (U II, 3). Benthams Werttheorie scheint ja tatsächlich alle höheren Ideale des menschlichen Daseins auszuschließen. Und Mill reiht sich hier in die Reihe der Kritiker Benthams ein. In seiner Abhandlung über *Bentham* (CW X, 75–115) zitiert er, sehr frei zwar, aus Benthams Schrift *The Rationale of Reward*: „Bei gleicher Quantität der Lust ist das Nadelspiel so gut wie die Poesie" (CW X, 113; für den genauen Wortlaut vgl. Bentham 1843, Vol. II, 253 f.). Nicht ohne jeden Grund spricht Thomas Carlyle, der berühmte englische Schriftsteller und Historiker, in seinen *Latter-Day Pamphlets* (1898, No. 8, 315 ff.; vgl. *Sartor Resartus* II. 7) vom Benthamschen Utilitarismus als einer Philosophie für Schweine.

Nach Mill trifft dieser Einwand aber nur Benthams Werttheorie, nicht die hedonistische Wertlehre als solche. Er sage zuletzt auch mehr über diejenigen, die ihn erheben, als über die hedonistische Werttheorie selbst aus (U II, 4). Denn welches Bild vom

Menschen muß sich derjenige machen, der sich keine menschlichen Sinnesempfindungen vorstellen kann, welche denen der Schweine unvergleichbar seien? Mill erweitert die hedonistische Werttheorie Benthams um eine qualitative, um eine ästhetische Dimension. Und sicher hat die Kritik der Benthamschen Lehre ihren Ursprung auch in Mills Biographie, in seinen schlechten Erfahrungen mit einer Erziehung, die ihn zum Dienst an der Vermehrung des größten Nutzens abrichten wollte (vgl. Abschnitt I.1 und Anderson 1991, 16).

Selbst wenn der Unterschied von Quantitäten und Qualitäten allein in unseren Wahrnehmungen begründet wäre, ließen sich nicht alle Qualitätsunterschiede auf Quantitätsunterschiede zurückführen. Zehn Gallonen Wasser unterscheiden sich der Quantität nach von einer Gallone Wasser, der Qualität nach von zehn Gallonen Wein (SL 73). Genauso wie es natürliche Arten (*natural kinds*, SL 140) gibt, die sich durch eine unendliche und uns unbekannte Anzahl von Eigenschaften von anderen Dingen unterscheiden (SL 122ff.), nimmt Mill an, daß es verschiedene „Arten der Freude" gibt (U II, 4; vgl. Riley 1988, 165; Wollheim 1979, 265). Der Gesamtnutzen ist daher ein sehr komplexer Sachverhalt, der sich aus mehreren, in ihrer Natur ganz unterschiedlichen und heterogenen Bestandteilen zusammensetzt (CW X, 154). Unter Umständen könnte man übrigens schon Lust und Leid als artverschiedene Sinneswahrnehmungen ansehen (vgl. z.B. Bain 1875, 11); dann würde bereits der angeblich rein quantitative Hedonismus Benthams von Anfang an zwei verschiedene Qualitäten von Sinnesempfindungen enthalten.

Mill rechnet jedoch vor allem den Ausübungen verschiedener Fähigkeiten jeweils andere Arten von Lust zu: „Die Menschen haben höhere Fähigkeiten als bloß tierische Gelüste und vermögen, sobald sie sich dieser einmal bewußt geworden sind, nur darin ihr Glück zu sehen, worin deren Betätigung eingeschlossen ist." (U II, 4) Nur in der Ausübung seiner wichtigsten Fähigkeiten, der Ausübung seiner intellektuellen und sittlichen Tugenden, findet der Mensch sein wahres Glück und seine Erfüllung. Der qualitative Hedonismus Mills weist deshalb Gemeinsamkeiten mit dem Glücksbegriff von Aristoteles auf, wonach das Glück in der Ausübung der für den Menschen charakteristischen Tugenden bestehe (vgl. Rawls TG § 65). Jedenfalls erkennt Mill eine Vielfalt von

Gütern und Lebensformen an, welche für ein authentisches Selbstverständnis des Menschen entscheidend sind (vgl. Ch. Taylor 1985, 230 ff.).

Mill bleibt aber nicht bei der Unterscheidung verschiedener Arten der Lust stehen. Er ordnet sie, das ist ein weiterer, aus dem Vorhergehenden durchaus nicht zwingend folgender Schritt, höheren und niederen Rängen zu. Mill formuliert nicht nur einen pluralistischen, er formuliert auch einen hierarchischen Hedonismus (vgl. Gray 1983, 73). Die Hierarchie von angenehmen Sinneserfahrungen begründet er mittels eines Erfahrungstests: „Von zwei Freuden ist diejenige wünschenswerter, die von allen oder nahezu allen, die beide erfahren haben – entschieden bevorzugt wird" (U II, 5). Und falls deren Urteile auseinandergehen sollten, gilt das Urteil der Mehrheit (U II, 8). Nun ist es äußerst fragwürdig, ob dieser empirische Test tatsächlich einen Vorrang der intellektuellen und moralischen Freuden vor den Sinnenfreuden begründen kann. Das Urteil der Mehrheit könnte zu einer Rangordnung von Qualitäten führen, mit der Mill womöglich überhaupt nicht einverstanden wäre. Bei Aristoteles hat etwa die Mehrzahl der Menschen „vom Schönen und wahrhaft Lustvollen ... nicht einmal einen Begriff, da sie nie daran geschmeckt haben" (NE 1179 b 16; vgl. Platon *Politeia* 582 b–d).

Zur Beurteilung von Mills Werttheorie ist es deshalb wichtig, die pluralistische Dimension seines Hedonismus, die bloß horizontale Unterscheidung verschiedener Möglichkeiten der Lusterfahrung, vom vertikal-hierarchischen Vorrang, den er den intellektuellen und sittlichen gegenüber den sinnlichen Freuden einräumt, zu unterscheiden. Der qualitativen, pluralistischen Dimension des Hedonismus kann man dann zustimmen, ohne seine besondere Auffassung einer Hierarchie von Qualitäten zu teilen (vgl. Wollheim 1979). Es versteht sich nicht von selbst und bedarf der Begründung, wenn den „Freuden des Verstandes" ein „weit höherer Wert" als denen der „bloßen Sinnlichkeit" zugeschrieben wird (U II, 4). Hier scheint es gerade so, als würde Mill doch einen quantitativen Vergleich verschiedener Lüste anstreben. Statt von einer Hierarchie von Lüsten zu sprechen, sollte man also Mills qualitativen Hedonismus allein als einen pluralistischen, nicht als hierarchischen Hedonismus akzeptieren.

Daß Mill selbst nur einen sehr weichen hierarchischen Hedonismus vertritt und auch „niedere" Freuden, vor allem „tierisches" Leid anerkennt, sieht man daran, daß er gegen Whewell ausdrücklich „die gesamte fühlende Natur" (U II, 10; vgl. auch CW X, 186f.) bei der Bestimmung des Umfangs des größten Glücks berücksichtigt (vgl. Bentham IP XIX. 1, Abs. 4. und Singer 1979, Chap. 3: Equality for Animals?, 49f.). Im Jahre 1846 beschwert sich Mill in einem Leserbrief über die milde Bestrafung eines Mannes, der sein widerspenstiges Pferd fast zu Tode geprügelt hätte (CW XXIV, 952ff.). Die Leidensfähigkeit, nicht die Vernunft- oder Sprachfähigkeit entscheidet darüber, wer in den Anwendungsbereich der Moral miteinbezogen wird. Von einer Vernachlässigung der Schmerzempfindlichkeit von Tieren kann bei Mill also nicht die Rede sein.

Aber selbst in dieser moderat hierarchisch-pluralistischen Variante wirft Mills Hedonismus zwei Fragen auf. Zunächst: Ist die Qualität einer Freude letztlich nicht auf die Quantität zu reduzieren (Sosa 1969, Long 1992)? Beim Erfahrungstest scheint ja letztlich ein Quantitätsvergleich den Ausschlag zu geben. Für diejenigen, die zwei verschiedene Freuden am eigenen Leib zu spüren bekommen haben, sind die höheren Freuden die wünschenswerteren. Dem qualitativen Hedonismus droht ein Kollaps in einen bloß quantitativen Hedonismus. Eine sehr plausible Lösung dieses Problems, eine sogenannte lexikographische Interpretation des qualitativen Hedonismus, haben Riley (1988, 166) und Rawls (TG, § 8, FN. 23) vorgeschlagen: Angenehme Lusterfahrungen höherer Art können einen höheren Wert haben als solche niederer Art, wie stark und dauerhaft letztere auch sein mögen. Daraus folgt aber nicht, daß Lusterfahrungen niederer Art keine angenehmen Empfindungen für uns wären und daher keinen Wert hätten.

Eine zweite Frage geht auf das Problem der Konsistenz einer hedonistischen Werttheorie ein. Viele Kommentatoren meinen, Mills berühmter Satz, es sei „besser ein unzufriedener Mensch zu sein als ein zufriedenes Schwein; besser ein unzufriedener Sokrates als ein zufriedener Narr" (U II, 6), weise über eine hedonistische Werttheorie hinaus. Beim Vergleich etwa von Sokrates und dem Narren kommen verschiedene Lebensideale mit ins Spiel. Der Vorwurf lautet: Die Unterscheidung verschiedener Qualitäten von Freuden sei letztlich mit einer hedonistischen Werttheorie nicht mehr vereinbar. Mill vertrete, wenn auch nur inoffiziell, eine idealistische Werttheorie, welche die Existenz objektiver Güter annimmt. (Sidgwick 1907, 93 ff.; Bradley 1951, 59 f.; Moore 1903, 77 ff.; Crisp 1997, 59; Anderson 1991, 13; Brink 1992, 72).

Dieser Einwand läßt sich ausräumen, hält man sich Mills Metaphysik der Möglichkeiten von Sinneserfahrungen vor Augen (vgl. dazu Abschnitt V.1). Lebensideale und höhere Werte müssen für Mill nicht *tatsächlich* angenehme Sinneserfahrungen verursachen. Es genügt, wenn sie *mögliche* Quellen von Freude und Lust darstellen. Dann sind sie mit einer hedonistischen Werttheorie vereinbar; die Möglichkeit einer lustvollen Erfahrung bleibt jedoch immer eine notwendige Bedingung. Dem Hedonismus kommt hier sogar ein kritisches Potential gegenüber idealistischen Werttheorien zu: Nur die Ideale können als Werte angesehen werden, die wenigstens die Möglichkeit einer angenehmen Sinneswahrnehmung für uns bereithalten. Auf diese Weise bleibt seine Ethik auf der Basis wenigstens der Möglichkeiten von angenehmen Erfahrungen gegründet. Mill ist kein Idealist oder Perfektionist (Gray 1983, 88; Skorupski 1989, 368). Seine pluralistische Ethik bleibt, gerade wenn man sie von ihren hierarchischen Elementen befreit, mit einer hedonistischen Wertlehre vereinbar. Nicht die faktischen Lusterfahrungen sind die Basis eines qualitativen Hedonismus. Die verschiedenen objektiv existierenden, von uns nur begrenzt realisierten Möglichkeiten der Lusterfahrung bilden die werttheoretische Grundlage von Mills Glücksbegriff.

Ein weiterer Einwand gegen das Nützlichkeitsprinzip, mit dem sich Mill auseinandersetzt, sei hier noch kurz erwähnt. Er lautet, daß es kein verläßliches Kriterium für die Beurteilung unserer Handlungen darstellen könne, weil wir die Folgen unserer Handlungen nicht zu übersehen vermögen (vgl. Whewell 1852, 210; zit. von Mill CW X, 180). Kant etwa sagt, „nur die Erfahrung kann lehren, was uns Freude bringe" (AA VI, 215; ähnlich AA V, 36), deshalb sei auch kein apriorischer praktischer Schluß aus dem Folgenprinzip möglich. Diesem Einwand kann mit dem Argument begegnet werden, daß es gute Schätzungen wenigstens bezüglich der Tendenzen von Handlungen gibt, was den Gesamtnutzen angeht (U II, 24). Auch bei der eigenen Lebensspaltung werden die Probleme der Folgenkalkulation nicht zum Anlaß genommen, auf die Klugheit als Instanz der Beurteilung individuellen Handelns zu verzichten (U II, 24; CW X, 63 f. und 180). Schließlich verfügen wir über gute Maximen, die uns zur Beförderung des eigenen Nutzens dienlich sind. Genauso verfügen wir über allgemeine Handlungsregeln zur uneigennützigen Vermehrung des Gesamtnutzens. Mill spricht von „mittleren allgemeinen Prinzipien", von „untergeordneten" oder „sekundären" Prinzipien (U II, 24; CW X, 110), die uns erlauben, das Prinzip der Lebenskunst in einzelnen Fällen anzuwenden; diese Prinzipien spielen insbesondere für die moralische Handlungsmotivation eine wichtige Rolle.

2. Motive und Sanktionen

Der Nutzen, das Glück, die Freude, das sind für den Hedonisten Mill synonyme Begriffe für die erstrebenswerten Dinge im Leben aller lust- und leidempfindlicher Lebewesen. Doch von welchen Motiven wird das menschliche Handeln geleitet? Und, diese Frage hängt damit eng zusammen, welche Sanktionen moralisches Handeln bewirken können?

Mill teilt Benthams ethischen Hedonismus; angenehme Sinnesempfindungen verschiedener Arten sind die Quelle aller Werte. Aber er wendet sich gegen dessen psychologischen Hedonismus. Benthams These lautet, Lust und Schmerz seien die zwei Herrn der menschlichen Natur, die unser gesamtes Tun, Reden und Denken regieren (IP I. 1). Nach Bentham (*Table of the Springs of Action*, 1843 Bd. I, 195–219; bes. II. 2) war keine Handlung jemals uneigennützig, noch wird das je eine sein. Auch wenn er die Ursache dieses Strebens als letztlich „unerklärlich" (CW XI, 356) bezeichnet, so erkennt Mill zwar an, daß der Mensch ein natürliches Bestreben hat, Lust aufzusuchen und Schmerzen zu vermeiden. Schon in seiner 1838 erscheinenden Arbeit über *Bentham* kritisiert er aber an Benthams Handlungstheorie, daß sie neben dem Luststreben andere Antriebsfedern außer Acht lasse: Das Interesse an der Bewahrung der Selbstachtung fehlt bei Bentham ebenso wie das Interesse an der Ausbildung und Entwicklung bestimmter Fähigkeiten sowie das Streben nach Schönheit, Ordnung und Eleganz (CW X, 94f.). Der Gesamtnutzen setzt sich nicht nur aus einer Vielzahl qualitativ verschiedenartiger Werte zusammen, das Handeln, das auf seine Vermehrung abzielt, kann durch unterschiedliche Triebfedern motiviert sein (CW X, 154).

Der Mensch ist mit einem Willen, einem Charakter ausgestattet. Und sein Charakter besteht darin, daß er sich zu seinen Wünschen in ein bestimmtes Verhältnis setzt. Ein authentisches Leben führt der Mensch erst dann, wenn er die Wünsche, die sein Handeln antreiben, zu seinen eigenen Wünschen gemacht hat (vgl. Gray 1983, 79). Seine Handlungen richten sich dann nicht allein auf ein Maximum an Lust, und seine Handlungsantriebe leiten sich dann nicht allein aus einer Antizipation von Lust ab (SL 842). Sie sind weder bloß von der „Vorstellung von einer Lust" noch auch durch eine „lustvolle Vorstellung" motiviert. Entgegen der Ansicht Moores (1903, 70) verwechselt Mill diese beiden Motive nicht; er lehnt sie beide zusammen mit dem ihnen zugrundeliegenden psychologischen Hedonismus ab. Mill bedient sich einer Analogie aus der Dampfschiffahrt: Der Dampf des Schiffes komme dem Motiv, der Antriebsfeder einer Handlung gleich. Ohne Dampf sei das Schiff nicht vom Fleck zu bewegen. Doch die Überzeugungen des Menschen und sein Wissen seien dem Steuermann vergleichbar, der letztlich darüber bestimme, wohin die Reise gehen solle (CW X, 317; vgl. RD 37 und F III, 7).

Zwar sind alle Motive zunächst hedonistischer Natur. Doch können sich manche Antriebsfedern gegenüber diesen hedonistischen Motiven nach und nach verselbständigen. Durch Gewöhnung, durch die Assoziation verschiedener Ideen sei es möglich, auf die Lustorientierung zu verzichten (SL 842; U IV, 11). Die Erziehung, die öffentliche Meinung, aber auch die Gewohnheit können bewirken, daß in der Seele „eine unauflösliche gedankliche Verknüpfung ... zwischen dem eigenen Glück und dem Wohl des Ganzen" hergestellt wird (U II, 18; ähnlich U III, 10). Der Moral steht somit ein erheblich breiteres Spektrum an Triebfedern des Handelns zur Verfügung, als es der psychologische Hedonismus eines Bentham zuläßt. Der Held oder der Märtyrer kann freiwillig auf die Lust verzichten, und zwar „einer Sache zuliebe, die er höher schätzt als sein eigenes Glück." (U II, 15) Tugendgeleitetes Handeln ist mit einer hedonistischen Wertlehre vereinbar.

Tugend ist für Mill in den meisten Fällen aber gar nicht notwendig. Das eigennützig oder unmittelbar lustorientiert motivierte Handeln reicht oft für die Zwecke der Lebenskunst aus. Mill wendet sich damit gleichzeitig gegen zwei in geradezu konträre Richtungen weisende Thesen von traditionellen (Whewell 1845) und zeitgenössischen (Williams 1981, 1ff.) Kritikern des Utilitarismus. Eine erste These lautet, daß der Utilitarismus den Menschen psychologisch unterfordere, weil er ihm nicht das Höchste abverlange. Eine zweite These lautet, daß der Utilitarismus den Menschen moralisch überfordere, weil er ihm die Unterordnung aller persönlichen Interessen abverlange (U II, 19). Psychologisch ist der einzelne durch den Utilitarismus deshalb nicht unterfordert, weil die utilitaristische Ethik keinen psychologischen Hedonismus beinhalten muß. Der Mensch kann bestimmte Tugenden ausbilden; er kann nach höheren Zielen streben als bloß nach seinem eigenen Glück; er kann das Glück auch anderer Menschen wollen. Andererseits kann unserem eigenen Glück weit mehr damit gedient sein, wenn wir es uns nicht zum unmittelbaren Ziel machen: Die Selbstlosigkeit führt letztlich am sichersten zum erfüllten und glücklichen Leben des Individuums (A 145; U II, 14). Moralisch ist der Mensch umgekehrt deshalb nicht überfordert, weil er sich nicht an der Maximierung des Gesamtnutzens zu orientieren hat. Jeder Mensch darf durchaus seine eigenen Ziele anstreben und dabei das Wohl der Menschheit hintansetzen. Mill braucht nicht anzunehmen, daß die Menschen ständig mit der Absicht handeln, das Wohl aller zu vergrößern. Die Handlungsabsicht selbst ist überhaupt nicht das maßgebliche Kriterium für die moralische Beurteilung einer Handlung: „Kein System der Ethik verlangt, daß das einzige Motiv für alles, was wir tun, das Pflichtgefühl sein soll." (U II, 19) Mill hätte denn auch nicht viel von der in Charles Dickens' Roman *Bleak House* (4. Kapitel) auftretenden Mrs. Jellyby gehalten, die über ihrem aufopfernden Engagement für die Kultivierung der Kaffee-Bohne und die Zivilisierung der Eingeborenen von *Borrioboola-Gha* am Ufer des Nigers vollkommen den eigenen Haushalt und ihre zunehmend verwahrlosenden Kinder vergißt.

Eng verschränkt mit der Frage nach der Handlungsmotivation ist das dritte Kapitel „Von der fundamentalen Sanktion des Nützlichkeitsprinzips". Sanktionen dienen dem Zweck, eine Übereinstimmung von Eigeninteresse und Gesamtnutzen zu bewerkstelligen. Sie sollen dem Menschen ein Motiv zur moralisch geforderten Handlung geben. Den Grund, die Rechtfertigung für moralisches Handeln stellen Sanktionen aber nicht dar. Ich kann durch die Schande oder durch das Gewissen vielleicht zum moralischen Handeln motiviert werden; die Meinung der Leute und der Stachel des Gewissens stellen aber noch keine Rechtfertigung der Moral dar. „Warum sollte ich verpflichtet sein, das allgemeine Glück zu fördern?" (U III, 1) Auch bei der Antwort auf die Frage nach den Sanktionen geht Mill über Bentham hinaus. Bentham unterscheidet physische, politische, moralische und religiöse Sanktionen (IP III; FG V. 7). Unter politischer Sanktion versteht Bentham die gesetzlich vorgesehenen Strafen; mit der religiösen Sanktion sind die Strafen Gottes gemeint; und die moralische Sanktion hat man als das schlechte Urteil der öffentlichen Meinung zu verstehen. In seinem *Constitutional Code* von 1830 sieht Bentham sogar ein Tribunal der öffentlichen Meinung einer Gemeinschaft vor, dem alle Mitglieder dieser Gemeinschaft angehören sollen und das vor allem die Regierenden immer wieder an das Nützlichkeitsprinzip erinnern soll (1843, Bd. IX, Kap. VIII).

Nur kurz hält sich Mill bei den äußeren Sanktionen auf: Er vermischt die „Hoffnung auf die Gunst und die Furcht vor der Ungunst unserer Mitmenschen und des Herrschers des Alls" (U III, 3). In *Über die Freiheit* unterscheidet er etwas genauer „zivile Strafen" von Eingriffen der „öffentlichen Meinung" (F I. 5). Den äußeren Sanktionen fügt er im dritten Kapitel des *Utilitarismus* eine innere Sanktion hinzu (U III, 3). Die Internalisierung von äußeren Sanktionen ist nicht ganz neu: Schon Benthams *Panopticon*, der Entwurf eines Zentralinspektionsprinzips für Institutionen wie Schulen, Armenhäuser, Irrenhäuser und Gefängnisse (1791; vgl. Bentham 1843, Bd. IV, 37–112), lenkt das Luststreben des einzelnen Menschen zum größten Nutzen aller. Es beruht gerade auf einer internalisierten Form des Zwanges. Es wandelt den Fremdzwang in den effektiveren Selbstzwang um und führt zu einer Verringerung der Überwachungskosten. Da eine perfekte äußere Überwachung von Insassen einer beliebigen Institution unmöglich sei, sollten sie sich möglichst ständig selbst überwachen (1843, Bd. IV, 40, vgl. Foucault 1976, 260).

Mill übernimmt die Idee einer spezifisch moralischen inneren Sanktion von seinem Freund Alexander Bain, der in *The Emotions and the Will* die drei Sanktionsinstanzen des Gesetzes, der Gesellschaft und des Gewissens einführt (1875, 285f.). Für Bain (ebd.; Mill äußert sich zu dieser Frage im *Utilitarismus* etwas vorsichtiger U III, 7–9) ist das Gewissen jedoch kein primitives, ursprüngliches Vermögen des Geistes. Es ist eine Imitation, eine Nachahmung äußerer Autoritäten, und entsteht durch die Erfahrung von äußeren Sanktionen und deren Umwandlung in innere Sanktionen. Insbesondere wird daher die Erwartung, von anderen zur Verantwortung gezogen zu werden, dazu beitragen, daß sich beim Menschen ein Verantwortungsbewußtsein ausbildet. Dieses Gefühl wird sich dort nicht antreffen lassen, wo es die entsprechende Erwartung nicht gibt: bei einem orientalischen Despoten beispielsweise (WH 455).

Den verpflichtenden Charakter des Moralprinzips sieht Mill vor allem im Gewissen verwurzelt. Es ist „eine mehr oder weniger starke Empfindung der Unlust, die sich bemerkbar macht, sobald wir unserer Pflicht zuwiderhandeln" (U III, 4), es richtet eine „Gefühlsschranke" (U III, 4; vgl. CW XXXI, 215) auf, die nicht ohne Unlustgefühle durchbrochen werden kann. Das Gewissen stellt „die fundamentale Sanktion aller Sittlichkeit" (U III, 5), operiert seinerseits jedoch mit einem hedonistischen Mechanismus. Es antizipiert eine negative Reaktion der Mitmenschen, auch wenn diese faktisch ausbleiben sollte. Das Gewissen ist keine Instanz, die sich über Wünsche hinwegsetzt; seiner Effektivität liegen selbst besondere Neigungen zugrunde. Es ist nichts anderes als ein besonderer Wunsch, „der Wunsch, das Rechte zu tun" (WH 451).

Dieses Gefühl hat nun einen besonderen Inhalt, der das utilitaristische Moralprinzip von der menschlichen Natur her abstützt: Die Anthropologie kommt hier quasi der utilitaristischen Ethik ein Stück weit von selbst entgegen: „Dieses unerschütterliche Fundament sind die Gemeinschaftsgefühle der Menschen – das Verlangen nach Einheit mit unseren Mitgeschöpfen, das bereits jetzt eine mächtige Triebkraft in der menschlichen Natur ist und glücklicherweise zu denen gehört, die, auch ohne daß sie den Menschen eigens eingeschärft werden, unter dem Einfluß fortschreitender Kultur immer stärker werden." (U III, 10) Dieses „Gefühl der Einheit mit den anderen" soll es dem einzelnen unmöglich machen, „sich eine für ihn vorteilhafte Situation vorzustellen oder zu wünschen, die nicht auch für die andern von Vorteil wäre." (U III, 10) Nur scheinbar weist also die utilitaristische Ethik ein Verpflichtungsdefizit hinsichtlich der Frage „Warum soll ich moralisch handeln?" auf. Der Utilitarist kann sich auf diese Herausforderung an jede Moral der gleichen Antwort bedienen wie der Intuitionist. Zur Durchsetzung der utilitaristischen Moral steht ihm die gesamte Palette der bekannten und bewährten Sanktionen der traditionellen Moraltheorien zur Verfügung (U III, 3; CW X, 183).

Auch die religiösen Sanktionen können von Nutzen sein, wenn Motive und Sanktionen auch nie mit dem Fundament der Moral verwechselt werden dürfen (CW X, 53f.). Doch sie sind mit Vorsicht zu genießen. Erstens, so Mill in seiner Abhandlung über *Die Nützlichkeit der Religion*, sind sie nicht unentbehrlich, und zweitens bergen sie große Gefahren. Sicher kann der Appell an das Interesse des Individuums an einem ewigen Leben verfangen. Nach Mill ist die Religion aber nicht der einzige Garant der Moral. Mill fürchtet nicht um die mögliche Motivationskraft einer Moral, die in der Vermehrung des menschlichen Wohlergehens ihre Wurzel hat. Und eine daran ausgerichtete Erziehung wird auch die Motivation zum moralischen Handeln durch die Ausbildung eines Gewissens, einer inneren Sanktionsinstanz gewährleisten. Die Macht der Erziehung schätzt Mill als „nahezu grenzenlos" ein (NR 73). Die öffentliche Meinung wird, im Falle der Einhaltung oder Verletzung moralischer Normen, mit positiven und negativen Sanktionen als ein zusätzlicher Garant für die Stabilität einer Gesellschaft fungieren.

Die indirekte Wirkung dieses meist wenig effektiven Appells an das zukünftige Seelenheil eines Individuums kann zudem schädliche Folgen für dessen Charakter haben. Sicher würde Mill nicht abstreiten: Die Hoffnung auf eine Existenz Gottes kann auch eine „wohltätige Wirkung" haben; sie „verleiht allen Empfindungen ... größeren Ernst und größere Intensität" (Th 206). Die Religion befriedigt den Wunsch nach dem Wissen um den Ursprung, den Verlauf und das Ende der Welt (NR 89); sie verspricht den Menschen Trost und macht ihnen Hoffnung auf ein ewiges Leben (NR 93). Die religiöse Sanktion hat aber ihren Preis. Anstatt das Eigeninteresse zu überwinden, kann die Religion paradoxerweise eine Befestigung einer eigeninteressierten Handlungsdisposition zur Folge haben (NR 98; vgl. F II, 40). Die Religion könnte damit eine der wahren Moral entgegenstehende Schule der Eigensucht werden; Mill spricht auch von einer Pervertierung der Moral durch die Religion (CW XIV, 53). „Für ein so großes und egoistisches soziales Instrument wie die Furcht vor der Hölle" (NR 85) läßt sich aber Ersatz finden. An die Stelle des Selbstinteresses muß das Gefühl einer untrennbaren Zusammengehörigkeit der Menschheit und das Streben nach dem allgemeinen Besten treten (vgl. U III, 10 und 11).

3. Das Nützlichkeitsprinzip

Wie das Postulat einer Gleichförmigkeit der Natur das Prinzip von Mills Logik war, so bildet das Nützlichkeitsprinzip das Prinzip der Lebenskunst. Wichtig ist es dabei, zu beachten, daß dieser letzte Zweck nicht nur als Kriterium der Moral fungiert (z.B. U IV, 3, letzter Satz; U I, 1; U II, 2; vgl. Ryan 1974, 104). Er bildet die Grundlage für das ganze Spektrum der Lebenskunst, Klugheit und Ästhetik eingeschlossen. Wichtig ist weiterhin, daß dieser Zweck nicht bewiesen werden kann: „Die Unmöglichkeit eines Vernunftbeweises ist allen ersten Prinzipien gemeinsam, den Grundvoraussetzungen der Erkenntnis ebenso wie denen des praktischen Handelns" (U IV, 1). Wir dürfen daher auch keinen deduktiven Beweis des Nützlichkeitsprinzips erwarten: „Es versteht sich, daß dies kein Beweis im gewöhnlichen und populären Sinne des Wortes sein kann. Fragen nach letzten Zwecken sind eines direkten Beweises nicht fähig" (U I, 5). Wieder können nur „Erwägungen angestellt werden, die geeignet sind, den Geist entweder zur Zustimmung oder zur Verwerfung der Theorie zu bestimmen" (ebd.).

Schon Bentham, von der Unmöglichkeit und Unnötigkeit eines direkten Beweises des Nützlichkeitsprinzips überzeugt, wendet sich einer indirekten Beweisart zu (IP I, 11). Jeder Einwand gegen das Nützlichkeitsprinzip setzt dessen Gültigkeit voraus und läßt sich als ein performativer Selbstwiderspruch entkräften (IP I, 13; vgl. Harrison 1983, 184ff.). Auch Mill zufolge machen die Gegner des Utilitarismus, z.B. Kant (U I, 4) und Whewell (CW X, 192), letztlich von utilitaristischen Argumentationsmustern Gebrauch und bezeugen damit gegen ihre eigenen Absichten, daß nur die Idee des Gesamtnutzens die Moral zu einer Sache der rationalen Argumentation machen kann (CW X, 111). In drei Schritten demonstriert Mill die Plausibilität des Nützlichkeitsprinzips.

Der erste Schritt besteht in der Einführung eines notwendigen Kriteriums für einen Wert, einen Handlungszweck. Mill will seine Ethik empirisch verankert wissen (U I, 3). Ein Wert, ein Ideal muß also immer wenigstens eine Möglichkeit zu einer lustvollen Sinneserfahrung anbieten können. Der einzig mögliche Hinweis darauf, daß etwas von Wert ist, kann nur darin bestehen, daß Menschen es sich entweder tatsächlich wünschen oder es sich wenigstens wünschen würden, hätten sie nur die entsprechende sinnliche Erfahrung dieses Wertes gemacht. In diesem Sinne ist die Wünschbarkeit eines Gegenstandes durchaus mit dessen Sichtbarkeit und Hörbarkeit vergleichbar. Im Originaltext heißt es: „The only *proof* that a sound is audible, is that people hear it ... In like manner, I apprehend, the sole *evidence* it is possible to produce that anything is desirable, is that people do actually desire it" (U IV, 3; vgl. CW X, 234). Birnbacher übersetzt in der Reclam-Ausgabe sowohl *proof* wie auch *evidence* irreführend mit *Beweis* (S. 60f.). Von einem *Beweis* ist nicht die Rede; auch der von Moore erhobene (1903, 66ff.) Vorwurf eines naturalistischen Fehlschlusses ist deshalb unzutreffend (vgl. Gray 1983, 45; Skorupski 1989, 285ff.; West 1997, 89). Aus dem bloßen Faktum eines Wunsches glaubt auch Mill nicht, einen Wert des Gegenstandes dieses Wunsches ableiten zu können. Zum einen haben wir gesehen, daß Mill keinen psychologischen Hedonismus vertritt. Zum anderen hat Mill den Unterschied zwischen Kunst und Wissenschaft gerade als einen Unterschied zwischen einem Sollen und einem Sein eingeführt.

Sieht man sich Mills zweiten Schritt genauer an, dann gewinnt auch dieser ein hohes Maß an Plausibilität. Er soll von einem ethischen zu einem universalistischen Hedonismus, von einem Telos des individuellen Glücks zum Telos des größten Glücks der Gesamtheit der Menschen führen. Eine Deduktion findet nicht statt: „Dafür, daß das allgemeine Glück wünschenswert ist, läßt sich kein anderer Grund angeben, als daß jeder sein eigenes Glück erstrebt, insoweit er es für erreichbar hält. Da dieses jedoch eine Tatsache ist, haben wir damit nicht nur den ganzen Beweis, den der Fall zuläßt, sondern alles, was überhaupt als Beweisgrund dafür verlangt werden kann, daß Glück ein Gut ist: nämlich daß das Glück jedes einzelnen für diesen ein Gut ist und daß daher das allgemeine Glück ein Gut für die Gesamtheit der Menschen ist" (U IV, 3).

Mill schließt hier nicht aus dem Wert des eigenen Glücks für den einzelnen auf den Wert des größten Glücks aller Menschen. Er leitet das Nützlichkeitsprinzip nicht aus der Klugheit ab, und an anderer Stelle warnt Mill ausdrücklich vor dem sogenannten Fehlschluß der Komposition (SL 818; vgl. Wilson 1983, 139ff.; West 1997, 93), welcher aus (richtigen) *distributiven* Prämissen („1. Eine einzige Zigarette, die ich zum Zeitpunkt T1 rauche, macht mich nicht süchtig." „2. Eine einzige Zigarette, die ich zum Zeitpunkt T2 rauche, macht mich nicht süchtig." usw.) einen (falschen) *kollektiven* Schluß („Der Genuß von ein paar Zigaretten macht mich nicht süchtig.") zieht. Auch dem umgekehrten Versuch, aus einer *kollektiven* Prämisse („Die Summe der Winkel eines Dreiecks beträgt 180°.") einen *distributiven* Schluß („Die Größe *eines* Winkels eines Dreiecks beträgt 180°.") zu ziehen, würde ein Fehlschluß der Komposition zugrunde liegen.

Mill weiß, daß er anders vorgehen muß. Daß Zigaretten süchtig machen, folgt daraus, daß jede einzelne Zigarette Nikotin enthält. Und auf ähnliche Weise besteht der einzige Grund für das Nützlichkeitsprinzip darin, daß das Glück eines jeden einzelnen etwas Gutes, etwas Wertvolles darstellt. Da die Klugheit ein Teil der Lebenskunst ist, wird das Prinzip der Lebenskunst das Glücksstreben jedes einzelnen Menschen zu berücksichtigen haben. Das heißt nicht, daß dabei die Ästhetik oder die Moral vernachlässigt werden können; denn auch sie sind mögliche Quellen von Lusterfahrungen. Gegen diesen zweiten Schritt wird häufig eingewendet, daß ihm ein Fehlschluß der Komposition zugrunde liege. Man könne nicht vom individuellen auf den kollektiven Vorteil schließen und dabei die Verteilung der Vorteile zwischen den Individuen außer acht lassen (Höffe 1992). Doch von einem zu maximierenden Gesamtnutzen, der unter Umständen zu einer radikalen Ungleichverteilung von Gütern führen würde, ist hier nicht die Rede. Das allgemeine Glück enthält Aspekte der Verteilungsgerechtigkeit (vgl. hierzu Abschnitt IV.3); die Moral ist für Mill selbst eine besondere Qualität des zu vermehrenden Glücks.

Mills dritter Schritt besteht darin, daß das Glück das einzige Objekt menschlichen Strebens darstelle. Zur Verteidigung des Nützlichkeitsprinzips muß er nicht nur zeigen „daß die Menschen Glück wollen, sondern auch, daß sie niemals etwas anderes wollen" (U IV, 4). Das scheint Mills Handlungstheorie zu widersprechen, denn wir haben gesehen, daß er keinen psychologischen Hedonismus vertritt. Lassen sich denn alle Willensbestrebungen wirklich als lustorientiert verstehen? Diese Frage beschäftigt Mill den restlichen Teil des vierten Kapitels (U IV, 4–11). Mill unternimmt dabei den Versuch, unseren Intuitionen bezüglich der Existenz intrinsischer, um ihrer selbst und nicht um der Lust willen verfolgter Güter gerecht zu werden, ohne dabei seine werttheoretische Grundlage des ethischen Hedonismus aufzugeben.

Vor allem sind es die Tugenden, die von vielen um ihrer selbst willen wertgeschätzt werden. Wenn diese Wertschätzung von Tugenden jenseits ihres Beitrags zum Lustgewinn berechtigt ist, dann gerät Mills Ausgangsthese ins Wanken, daß „das Glück jedes einzelnen für diesen auch ein Gut ist". Vielleicht ist nicht das Glück das höchste Gut, sondern vielleicht verhält es sich so, wie Sokrates in Platons Dialog *Kriton* behauptet, „daß das Gute mit dem gerecht und sittlich Leben einerlei ist" (48b). Mill zufolge kann aber der Utilitarismus durchaus anerkennen, daß die Tugend für den einzelnen ein um ihrer selbst willen erstrebenswertes Gut darstellt (U IV, 5). Es scheint ja der Idee der Tugend zu widersprechen, sie um eines individuellen Vorteiles willen anzustreben. Wenn ich als Geschäftsmann nur deshalb die Wahrheit sage, weil ich an dem Vertrauen meiner Kunden interessiert bin, dann strebe ich offensichtlich nicht die Tugend der Wahrhaftigkeit, sondern (so Kant in seiner *Grundlegung zur Metaphysik der Sitten* AA IV, 397) nur meinen Profit an.

Mill kann aber diesen besonderen Charakter der Tugend als eines Handelns aus Pflicht anerkennen. Für ihn zählt die moralische Tugend zu einem Bestandteil des Glücks und kann insofern um ihrer selbst willen angestrebt werden. Damit kommt er Sokrates' Satz über die Identität von gutem und sittlichem Leben sehr nahe: „Nach utilitaristischer Auffassung ist die Tugend zwar nicht ursprünglich, von Natur aus, Teil des Zwecks, aber sie kann aufgrund bestimmter gedanklicher Verknüpfungen während eines langen Gewöhnungsprozesses dazu werden; und bei denen, die die Tugend ohne eigennützige Motive lieben, ist sie dazu geworden und wird von ihnen nicht als Mittel zum Glück, sondern als Teil des Glücks erstrebt und geschätzt" (U IV, 5).

Man könnte (mit Schumpeter 1965, 647 und Rawls TG § 6; Rawls 1993, 37 und 78) sagen, Mill sei letztlich kein Utilitarist mehr; das hängt dann aber auch von der Verwendungsweise des Begriffs „Utilitarismus" ab. Sicher trifft ihn jedenfalls der Vorwurf nicht mehr, er widerspreche unserem moralischen Selbstverständnis, wonach unsere Handlungen an der Idee einer von den Folgen unabhängigen Pflicht orientiert sind. Das Handeln aus Pflicht, das tugendhafte Handeln ist für Mill der Quell einer besonderen Art von Lust, auf welche der sittliche gebildete Mensch nicht würde verzichten wollen. Der Lebenskünstler kann somit sein Glück nicht mehr von seiner Tugend trennen. Eine „gedankliche Verknüpfung" bewirkt, „daß sie als selbständiges Gut empfunden und als solches mit derselben Intensität begehrt werden kann wie jedes andere Gut auch" (U IV, 7).

Das Nützlichkeitsprinzip ist zunächst zwar den sekundären Prinzipien übergeordnet und steht in einem Zweck-Mittel-Verhältnis zu ihnen. Doch die sekundären Prinzipien stellen sich als unentbehrliche Interpretationsvorschläge heraus, sie geben dem Gedanken des Nutzens einen handlungsrelevanten Inhalt. So nennt Mill die Gerechtigkeit etwa auch einen Zweig der Nützlichkeit (CW XXVIII, 152). Damit sind sie aber nicht mehr Mittel zur Verfolgung eines außer ihnen selbst liegenden Zweckes, sondern stellen Anhaltspunkte zum Verständnis des Zwecks selbst dar (Wollheim 1979, 261 f.). Selbst die Gerechtigkeit ist in diesem komplexen Konzept des Gesamtnutzens, welches den Orientierungsrahmen der Lebenskunst bildet, ein wichtiger Bestandteil.

4. Moral und Gerechtigkeit

Die Gerechtigkeit wird von vielen Kritikern „in allen Epochen des theoretischen Denkens" (U V, 1) als die Achillesferse einer utilitaristischen Begründung der Moral angesehen (vgl. Kant AA V, 36; Whewell 1852, xff. zit. nach Mill CW X, 187ff.; Rawls TG § 5; Höffe 1992, 316). Mill kommt bei der Prüfung dieser Frage zu einem anderen Ergebnis: Der Begriff der Gerechtigkeit kann zwar nicht vollständig mit Hilfe der Doktrin der Nützlichkeit verstanden werden. Aber „auf lange Sicht" würden das Prinzip der Nützlichkeit und die Idee der Gerechtigkeit zusammenfallen (U V, 1).

Woraus entspringt unsere Sorge um die Gerechtigkeit? Wie erklärt Mill, daß wir zwischen Erwägungen der Nützlichkeit und der Gerechtigkeit unterscheiden? Mill macht den Ursprung des Gerechtigkeitsgefühls in der Natur aus. Es sei „ein besonderer Instinkt", der „durch höhere Vernunft beherrscht und geläutert werden müßte" (U V, 2): Das Gerechtigkeitsgefühl gehe auf den Vergeltungstrieb des Menschen zurück. Ein besonderes *moralisches* oder *rationales* Gefühl sei das nicht; ein vollkommen rationaler Utilitarist würde dieses Bedürfnis daher wohl nicht kennen. Deshalb sind für Mill auch nicht alle Handlungen, die gegen das Nützlichkeitsprinzip verstoßen, ungerecht oder unmoralisch. Mit unschönen, niedrigen und dummen Handlungen schaden sich Menschen vor allem selbst (F IV, 5). Mit niedrigen, unästhetischen Handlungen realisieren sie nicht die beste Qualität, mit dummen, unklugen Handlungen nicht die höchste Quantität von lustvollen Sinneswahrnehmungen. Bei diesen Verstößen gegen die Regeln der Lebenskunst verspüren wir aber kein Rachebedürfnis. Die Ästhetik und die Klugheit sind somit Kriterien der Beurteilung von Handlungen, welche nichts mit deren moralischen Qualitäten zu tun haben. Nicht alle ungerechten Handlungen haben eine Verringerung, nicht alle gerechten Handlungen eine Vermehrung des Gesamtnutzens zur Folge (Lyons 1994, 70). Deshalb sind auch dumme oder unedle Handlungen, die den Gesamtnutzen verringern, kein Gegenstand einer gerechtfertigten Strafe.

Die Gerechtigkeit stellt besondere Anforderungen an unser Handeln, und sie stellt „weitaus dringlichere Forderungen" mit einer „größeren Verbindlichkeit", als dies etwa das Nützlichkeitsprinzip tut (U V, 2). Mill vertritt die These eines Vorrangs der Moral und der Gerechtigkeit auf der Grundlage seiner utilitaristischen, allein auf Erfahrung gründenden Moraltheorie. Innerhalb dieser Theorie gibt es aber gute Gründe für einen Vorrang der Moral und der Gerechtigkeit gegenüber der Klugheit und der Ästhetik. Dieser Vorrang ist in einem besonderen, qualitativ herausragenden Freiheitsinteresse des Menschen begründet. Mill bleibt aber auf dem Boden der Erfahrung: Kein Mensch, der jemals die Lust der Freiheit gekostet hat, würde je wieder auf sie verzichten wollen (vgl. Gray 1983, 89). Und an diesem einen Punkt ist sogar die Rede von einer hierarchischen Anordnung bestimmter Arten von Freuden gerechtfertigt (vgl. dagegen Abschnitt III.1). Denn die Lust an der Ausübung der Freiheit ist es letztlich, welche auch die notwendige Bedingung für die Ausübung unserer höheren Fähigkeiten, insbesondere unseres ästhetischen Vermögens darstellt (vgl. Gray 1983, 72f.; Brink 1992, 92ff.). Sie sichert uns die Möglichkeit, in den Genuß höherer Arten von Freuden zu kommen.

Der Gerechtigkeitssinn ist für Mill zwar ein primitives, irrationales Rachebedürfnis. Vernünftige Erwägungen können aber zu dessen Grundlegung und Orientierung angestellt werden. Doch allein das „Moralische an ihm" entspringt dem „Inbegriff des Nutzens" (U V, 17). Jenseits des Moralischen bleibt ein „Wunsch nach Bestrafung desjenigen, der ein Unrecht getan hat." (U V, 18) Und dieser Wunsch ist das Ergebnis „zweier im höchsten Maße natürlicher Gefühle": „des Triebs zur Selbstverteidigung und des Gefühls der Sympathie" (U V, 19). Der bloße Vergeltungstrieb, so Mill, ist eine Eigenschaft der gesamten tierischen Natur (U V, 20; vgl. auch CW XXXI; 242). Nur der Mensch zeichnet sich gegenüber dem Rest der Natur dadurch aus, daß er sich bei der Bestrafung von Unrecht von Gründen leiten lassen kann, und zwar von Gründen, die ihrerseits der allgemeinen Nützlichkeit entspringen (U V, 16; U V, 25).

Hier drängt sich aber folgender Einwand auf: Warum sollte der Wunsch nach Bestrafung ein bloß animalischer Instinkt, ein bloßer Ausdruck unserer tierischen Natur sein? Können denn Tiere wirklich empört sein (vgl. Strawson 1980, 1ff.)? Und verspüren Götter nie den Wunsch nach Rache? Zur Empörung gehört nicht nur eine Erfahrung von Unlust oder Schmerz, sie wurzelt im Gefühl, daß uns ein Unrecht geschehen ist (vgl. schon Bain 1875, 190f.). Der Wut, dem Groll, der Empörung, auch der Scham über eigene Verfehlungen, das übersieht Mill, wohnt ein rationaler Gehalt inne, der keinen Bezug auf den Gesamtnutzen hat. Sicher gibt es nämlich einen Unterschied zwischen gerechtfertigten und ungerechtfertigten Formen des Grolls und der Empörung. Und mit dem Hinweis auf den Nutzen allein begnügen wir uns dabei nicht; die Absichten von handelnden Personen kommen hier ins Spiel. Wir grollen nicht wegen jeder unangenehmen Sinneserfahrung, die uns etwa von der Natur zugefügt wird. Die moralischen Reaktionen können damit als empirische Zeugnisse für eine besondere moralische Urteilsfähigkeit angesehen werden. Von der

Erfahrung von Lust oder Schmerz ist sie nicht abgeleitet, sie scheint diesen Erfahrungen voranzugehen und auf eine apriorische, grundsätzliche, wenn auch nicht immer fehlerfrei angewendete Unterscheidung von Recht und Unrecht hinzudeuten.

Mill nähert sich den Inhalten unseres Gerechtigkeitsgefühls auf indirektem Wege an. Er zählt sechs Fälle auf, in denen wir von Unrecht sprechen. Zunächst hat ein Unrecht mit der Mißachtung von „gesetzlich verbürgten Rechten" einer Person zu tun (U V, 5); außerdem spricht man von Unrecht, wenn die Gesetze selbst unmoralisch sind, wenn also die legalen Rechte einer Person nicht deren moralische Rechte widerspiegeln (U V, 6); weiterhin ist die Frage des Verdienstes, die Belohnung von guten und die Bestrafung von schlechten Taten eine Sache der Gerechtigkeit (U V, 7); Versprechen, aber auch etwa die Entgegennahme eines Vorteils wecken Erwartungen; der Wortbruch und die Enttäuschung von Erwartungen, „die wir durch unser Verhalten geweckt haben", stellen daher ein Unrecht dar (U V, 8; vgl. U V, 34). Schließlich ist sowohl die Idee der Unparteilichkeit, die etwa bei politisch Verantwortlichen (U V, 9) zum Tragen kommt, wie auch die mit ihr verknüpfte Idee der Gleichheit (U V, 10) ein möglicher Ausdruck der Idee der Gerechtigkeit.

Angesichts dieser verwirrenden Verwendungsweise des Begriffs der Gerechtigkeit, ist es Mill zufolge schwierig, das „geistige Band" (U V, 11) zu fassen, welches den Begriff der Gerechtigkeit in dieser Vielfalt zusammenhält. Er greift deshalb auf die Etymologie des Wortes zurück und stößt auf eine *idée mère*, einen Ursprung der Idee der Gerechtigkeit. Sie weist auf eine Übereinstimmung unserer Handlungen mit dem Gesetz hin, und zwar mit einem idealerweise geltenden Gesetz: „Dabei heftete sich das Gefühl der Ungerechtigkeit nicht an alle Verstöße gegen das Gesetz, sondern nur an Verstöße gegen solche Gesetze, die gelten sollten" (U V, 12). An mehreren Stellen (U V, 6; U V, 13) betont Mill ausdrücklich den Unterschied zwischen legalen und moralischen Rechten, zwischen dem faktisch geltenden Gesetz und der Idee der Gerechtigkeit. Der Idee der Gerechtigkeit wohnt zwar eine Forderung zur Positivierung inne; die Geltung moralischer Gebote läßt sich aber nicht aus der Existenz faktisch wirksamer Sanktionen ableiten. Wenn eine Verletzung der Moral auch nicht bestraft wird, eine Verletzung bleibt die Handlung trotzdem, und eine

Strafe würde die betreffende Person allemal verdienen (U V, 13; vgl. WH 462).

Mill bemerkt, daß er mit seiner Analyse über das Ziel hinausgeschossen ist. Mit Sanktionen reagieren wir nämlich nicht nur auf Ungerechtigkeiten, auch Verstöße gegen die Moral in einem weiteren Sinne halten wir für tadelnswert. Zwang ist die Antwort gegen jede Art von Pflichtverletzung: „Es ist allen Formen der Pflicht eigentümlich, daß eine Person zu ihrer Erfüllung rechtmäßig *gezwungen* werden kann" (U V, 14). Wie läßt sich nun die Gerechtigkeit von der Moral unterscheiden?

Mill unterscheidet hierzu zwischen vollkommenen und unvollkommenen Pflichten (vgl. Kants Unterscheidung AA IV, 421). Vollkommene Pflichten sind die Pflichten, denen ein entsprechendes Recht bei einer oder mehreren Personen gegenübersteht. Sie allein sind Sache der Gerechtigkeit. Unvollkommene Pflichten wie die Barmherzigkeit oder die Wohltätigkeit sind dagegen die moralischen Pflichten, denen kein Recht einer anderen Person gegenübersteht. So habe ich die vollkommene Pflicht, einen anderen Menschen nicht zu töten; denn andere Menschen haben ein Recht auf ihr Leben. Aber ich habe nur eine unvollkommene Pflicht, ihnen in allen Notsituationen zu helfen (U V, 15). Unvollkommene Pflichten zählen nicht mehr zum Bereich der Gerechtigkeit. Doch deren Achtung kann durch Lob positiv, deren Mißachtung durch Tadel negativ sanktioniert werden. Dabei ist die Unterscheidung von vollkommenen und unvollkommenen Pflichten nicht mit der Unterscheidung von Unterlassungs- und Handlungspflichten identisch; die Ausführung mancher Handlungen zählt zu den vollkomenen Pflichten: „Man kann anderen nicht nur durch seine Taten, sondern auch durch seine Untätigkeit Übles antun" (F I, 11; vgl. Ten 1980, 62).

Nach dieser Verortung des Standpunktes der Gerechtigkeit innerhalb der Moral kann sich Mill wieder seinem Hauptproblem zuwenden. Wie kann auf utilitaristischer Grundlage zunächst der Vorrang der Moral vor der Nützlichkeit und dann auch der Vorrang der Gerechtigkeit innerhalb der Moral erklärt werden? Denn Mill geht über das Postulat einer Vereinbarkeit von Nützlichkeit und Gerechtigkeit hinaus und stellt die These auf, „daß die Gerechtigkeit, die auf Nützlichkeit gegründet ist, den Hauptteil und den unvergleichlich bedeutsamsten und verbindlichsten Teil aller

Moral ausmacht" (U V, 32). Auch wenn es unklug oder niedrig handelt und damit bestimmten Regeln der Lebenskunst zuwiderhandelt, hat das Individuum, solange es die Rechte anderer Personen nicht verletzt, ein Recht auf Selbstbestimmung. Der Gerechtigkeit gebührt innerhalb der Lebenskunst ein absoluter Vorrang. Die legalen und die moralischen Rechte betrachtet Mill als „von größerer Bedeutung für das menschliche Wohlergehen als alle Maximen ..., die jeweils nur für einen Teilbereich des Lebens gelten." (U V, 33) Sie sind es nämlich, welche erst eine klare Grenzziehung zwischen den verschiedenen Bereichen der Lebenskunst erlauben.

Unser Gerechtigkeitssinn bedarf einer Orientierung durch das Nützlichkeitsprinzip. Wenn wir uns die Frage nach der Rechtfertigung der Strafe (U V, 28 und 29), nach dem gerechten Lohn (U V, 30) und nach einer gerechten Besteuerung (U V, 31) vorlegen, dann werden wir zu keinen eindeutigen Antworten vordringen, solange wir sie nicht auf das Nützlichkeitsprinzip fundieren. „Aus dieser Wirrnis kann nur der Utilitarismus heraushelfen" (U V, 31; vgl. CW X, 111). Auch das Nützlichkeitsprinzip wird uns zwar nicht immer zu eindeutigen Handlungsanweisungen führen, für die Entscheidungsfindung ist der Utilitarismus also oft nur von begrenztem Wert. Doch muß eine Moraltheorie sorgfältig von einer Entscheidungstheorie getrennt werden: „Was sollen wir tun?" und „Welche Handlung ist moralisch geboten?" sind zwei verschiedene Fragen.

Aus diesem Grund darf die Debatte darüber, ob Mill als Handlungs- oder Regelutilitarist gelten kann, heute als beendet angesehen werden. Es ist nicht die Konformität einer Handlung mit bestimmten Regeln, welche bei Mill eine Handlung rechtfertigen würde; Mill vertritt nicht, wie Urmson (1953) annimmt, einen Regel-Utilitarismus, der Handlungen durch den Bezug auf Regeln rechtfertigt, deren Befolgung ihrerseits den Gesamtnutzen vergrößert; Mill vertritt einen Handlungs-Utilitarismus (Smart 1956; McCloskey 1971, 75; Brown 1974; Crisp 1997, 118f.): Eine Handlung ist nur deshalb begründet, weil sie die besten Folgen für das Glück aller hat. Wer Mill als Regel-Utilitaristen interpretiert, übersieht, daß zwischen Moralprinzip und Entscheidungsmethode unterschieden werden muß. Mill vertritt aber keinen direkten, er vertritt einen indirekten Utilitarismus (Wollheim 1979,

Gray 1983, 38f.). Die Beurteilungsinstanz von Handlungen und Institutionen bleibt immer das Nützlichkeitsprinzip, doch eine Entscheidungsregel läßt sich aus ihm nicht ableiten.

Die konkrete Anwendung des Nützlichkeitsprinzips gerade in moralischen Konfliktfällen ist aber Regeln unterworfen; Ausnahmen von diesen Regeln sind daher nicht a priori auszuschließen (U II, 25). Zu rechtfertigen sind diese Ausnahmen, wenn es um die Moral geht, aber nur durch andere Regeln. Nur um anderer, vorrangiger Regeln willen dürfen wir eine Regel verletzen (U V, 37; vgl. CW X, 183; Lyons 1994, 80). Die Verletzung moralischer Pflichten erfordert also eine moralische Rechtfertigung, der Verweis auf den Gesamtnutzen ist dafür nicht hinreichend; in der Moral „ähnelt" (Lyons 1994, 113; zur Kritik vgl. Ten 1980, 47f.) der indirekte Utilitarismus Mills somit einem Regel-Utilitarismus.

Gerade was aber den Schutz von Rechten angeht, trägt die Gesellschaft nun eine besondere Verantwortung: „Wenn wir von dem Recht einer Person sprechen, meinen wir damit, daß die Person von der Gesellschaft verlangen darf, im Besitz dieses Rechts durch gesetzliche Gewalt bzw. durch den Einfluß der Erziehung und der öffentlichen Meinung geschützt zu werden." (U V, 24) Die Gesellschaft wird für den Bereich der Gerechtigkeit auf besondere Weise in die Pflicht genommen; denn das Interesse an Sicherheit „ist das wesentlichste unter allen Interessen ... Auf Sicherheit kann ein Mensch unmöglich verzichten." (U V, 25) Und Rechte beschützen dieses vorrangige Sicherheitsinteresse des Individuums nun vor allem gegen das ungerechtfertigte Machtstreben seiner Mitmenschen.

IV. Freiheit und Macht

Das Zusammenleben in der Gesellschaft ist ein Teil des menschlichen Lebens, und deshalb werden auch politische Institutionen nach ihrem Beitrag zur Glücksvermehrung zu beurteilen sein. Sie können aber nicht in allen Bereichen der Lebenskunst gleichermaßen wirksam werden. Die Selbstsorge können sie den Individuen nicht abnehmen. Für eine direkte Verwirklichung der Zwecke der Klugheit und der Ästhetik ist das Instrumentarium der Politik nicht geeignet. Ihr vorrangiger Zweck besteht für Mill im Schutz der individuellen Freiheit und der Gewährleistung einer minimalen sozialen Sicherheit. Erfüllen sie diesen Zweck, können sie der individuellen Klugheit und der Ästhetik, und damit dem größten Nutzen, einen wichtigen indirekten Dienst leisten: Das Individuum kann sich selbstverantwortlich in den Bereichen der Lebenskunst üben, die es allein betreffen.

Die Freiheit ist für Mill, nach der Befriedigung der Grundbedürfnisse, der erste und stärkste Wunsch der menschlichen Natur (HF 271; PÖ 208). Steht das aber nicht im Widerspruch zu Mills ethischem Hedonismus? Ist nicht die sinnliche Lust das höchste Ziel allen Strebens? Wenn die Freiheit des Individuums insbesondere der Maßstab ist, nach welchem politische Institutionen zu beurteilen sind, wie kann dann gleichzeitig die Vermehrung des größten Nutzens Kriterium der Beurteilung allen Handelns sein? Mills qualitativ-pluralistische Version des Hedonismus ermöglicht die Vereinbarkeit von individueller Freiheit und gesellschaftlichem Nutzen. Die ungehinderte Ausübung und Entwicklung der eigenen Fähigkeiten ist eine der wichtigsten Quellen der Lebenslust.

Läßt sich der Wert der Freiheit auf diese Weise mit Mills hedonistischer Werttheorie vereinbaren, dann verliert auch die traditionelle Lesart an Plausibilität, daß Mills utilitaristische Ethik seinem politischen Liberalismus widerspreche. Aus diesem angeblichen Widerspruch sind von den Kritikern, je nach politischen Neigungen, unterschiedliche Konsequenzen gezogen worden: Für die Konservativen gibt er einen guten Grund dafür ab, Mills liberale Theorie der politischen Gerechtigkeit zu verwerfen (J. F. Stephen 1873/1967, 60ff. und 142ff.; Himmelfarb 1982, 106f.; Sandel 1982, 4f.). Für die Liberalen führt diese Inkonsistenz zur Ablehnung seiner utilitaristischen Ethik (Berlin 1969; Ten 1980, 9).

In jüngster Zeit haben nun mehrere Kommentatoren für eine Revision der traditionellen Lesart Mills plädiert: Berücksichtige man seinen Begriff der Lebenskunst (SL, Buch VI) einerseits, seine Theorie der Gerechtigkeit (U, V) andererseits, dann ließe sich Mills Liberalismus durchaus mit seiner utilitaristischen Ethik vereinbaren (Wollheim 1979, 254f.; Berger 1983, 209; Thomas 1985, 98; Riley 1988; Skorupski 1989, 345; Lyons 1994). Denn Mill verstehe die Nützlichkeit in ihrem weitesten Sinne, „begründet in den ewigen Interessen der Menschheit als eines sich entwickelnden Wesens" (F I, 11). Das Freiheitsinteresse, die angenehme Sinneserfahrung, die mit der Ausübung des Vermögens der Selbstbestimmung verknüpft ist, habe darin einen wichtigen Platz.

Des Schutzes bedarf die Freiheit vor allem gegen den Willen zur Macht, das Bestreben, die Sucht des Menschen, andere zu tyrannisieren (F IV, 6). Die Freiheitsliebe nennt Mill wahrhaft uneigennützig, die Lust an der Ausübung der Selbstbestimmung die höchste Art der Lust. Die Liebe zur Machtausübung und Zwangsanwendung (CW XIX, 610), die er in einem „ewigen Widerstreit" zum Freiheitswillen sieht (HF 274; vgl. RD 85f.; PÖ 944), gilt ihm dagegen als die böseste Leidenschaft der menschlichen Natur. Sie ist „nicht nur unverträglich mit der Freiheit und Entfaltung aller übrigen Menschen, sondern auch verderblich für den ‚starken Mann' selbst" (F III, 15), „eine Falle, ein Fallstrick, ein Fluch, sowohl für den Inhaber der Macht, als auch für den, über den sie ausgeübt wird" (CW XIX, 610). Sie widerspricht allen Regeln der Lebenskunst, denn sie ist unklug, niedrig und unmoralisch. Einen begründeten Rechtsanspruch auf die Ausübung von Macht gibt es daher nicht (F V, 12; CW XIX, 324; RD 168). Es ist nur der Verlust der Selbstherrschaft, das Ausgeliefertsein an innere oder äußere Zwänge, welcher „die Leidenschaft für die Macht am brennendsten und gewissenlosesten" werden läßt (HF 274). Der Widerstreit von individueller Freiheit und gesellschaftlicher Macht spielt in Mills politischen Schriften *Über die Freiheit, Betrachtungen über die repräsentative Demokratie, Die Prinzi-*

pien der politischen Ökonomie und *Die Hörigkeit der Frauen* eine wichtige Rolle. Sie will ich in diesem Kapitel vorstellen.

1. Ein ewiger Widerstreit

Der bürgerlichen oder der sozialen Freiheit, dem Handlungsspielraum, den das Individuum in einer Gesellschaft rechtmäßig für sich beanspruchen kann, widmet Mill seine Schrift *Über die Freiheit*. Sie ist stark von Wilhelm von Humboldts Werk über *Die Grenzen der Staatstätigkeit* (vgl. F III, 4), und über diesen Umweg nicht zuletzt auch von Kants Konzeption der Freiheit beeinflußt (Gray 1983, 78). Die Thesen und Themen dieser Schrift sind äußerst vielschichtig, teilweise sprunghaft, die Argumentation merkwürdig verschlungen, ihre „logische Schlüssigkeit" läßt, so Isaiah Berlin (1969, 174), zu wünschen übrig. Darüber muß hier kein abschließendes Urteil gefällt werden. Es geht Mill um die Sache der Freiheit; die Überzeugungskraft seiner Schrift ist ihm wohl wichtiger gewesen als deren Schlüssigkeit.

Mill prangert die gesellschaftlichen Verhältnisse seiner Zeit an: Die Freiheit werde allzuoft dort gewährt, wo man sie versagen sollte; und sie werde im Gegenzug dort vorenthalten, wo sie gefordert wäre (F V, 12). Der Einleitung zum Thema des Verhältnisses von Gesellschaft und Individuum folgt ein Kapitel zur Freiheit des Gedankens und der Diskussion; ein drittes Kapitel handelt von der Individualität, dem überragenden Wert der freien Charakterbildung. Erst im vierten Kapitel wendet sich Mill wieder seiner Hauptfrage nach den Grenzen der Autorität der Gesellschaft über das Individuum zu, bevor er seine Streitschrift im fünften Kapitel mit der Diskussion einzelner Anwendungsfälle beschließt.

Im Gegensatz etwa zu Hobbes ist Mill der Überzeugung, daß der Schutz des einzelnen Individuums vor der Regierung praktisch zu allen Zeiten wichtiger ist als der Schutz, den die Regierung vor anderen Menschen gewährt (F I, 1–4; PÖ 112). In der Demokratie wird dieses Problem, das mit der Notwendigkeit politischer Herrschaft entsteht, gemäß Mill jedoch nicht gelöst. Die Gefahr, die für das Individuum von einem Despotismus der Massen ausgeht, beschwört er, hier schon von Tocqueville beeinflußt, bereits in seinem frühen Aufsatz *Zivilisation* von 1836 (CW

XVIII, 117–147). Das Grundproblem der Politik, die Ausübung von legalem und insbesondere von sozialem Zwang, hat sich demzufolge in der Demokratie nicht verändert, es hat sich eher verschärft (F I, 5). Mill ist ein Liberaler in der Tradition Benjamin Constants, der vor allem die Konflikte zwischen einem antiken, republikanischen und einem modernen, individuellen Politikverständnis sieht: Die Freiheit der einzelnen Person und die Macht, die die Gesellschaft über sie ausübt, sind nicht gleichen Ursprungs. Freiheit und politische Macht stehen in einem spannungsreichen Konkurrenzverhältnis, das im Zweifelsfall zugunsten der Freiheit der Person gelöst werden soll.

Allerdings vermag die Demokratie als politische Herrschaftsform die Freiheit der Person am besten zu schützen. Mit der Herrschaftsform der Demokratie wird der Versuch unternommen, den Gegensatz von individueller Freiheit und notwendiger gesellschaftlicher Machtausübung zu mildern und die Gefahren der politischen Tyrannei durch die Übergabe der politischen Macht in die Hände der Betroffenen zu eliminieren. Zwar gibt es kein Recht zur Ausübung politischer Macht, doch der Sache der Freiheit des Individuums ist in der Demokratie besser als in anderen Regierungsformen gedient. Das Interesse der Herrschenden kann dort, wenigstens in der Theorie, dem Interesse der Beherrschten vollständig entsprechen. Doch selbst wenn sie in der Theorie verschwinden sollte, bleibt die Differenz zwischen Regierenden und Regierten als ein unaufhebbares Faktum auch in der Demokratie bestehen. Eine theoretisch postulierte Identität von Regierenden und Regierten darf nicht über die faktische Differenz zwischen Regierenden und Volk, die unterschiedlichen Interessen vor allem von Mehrheit und Minderheit hinwegtäuschen. Solange insbesondere das Problem einer fairen Repräsentation der Minderheit nicht gelöst ist, droht der Demokratie die Gefahr einer Tyrannei der Mehrheit (F I, 4; vgl. Abschnitt IV.2).

Auf „Wesen und Grenzen der Macht, welche die Gesellschaft rechtmäßig über das Individuum ausübt" (F I, 1), ist Mills Fragestellung in seiner Freiheitsschrift gerichtet. Und seine Antwort lautet, „daß der einzige Grund, aus dem die Menschheit, einzeln oder vereint, sich in die Handlungsfreiheit eines ihrer Mitglieder einzumengen befugt ist, der ist: sich selbst zu schützen. Daß der einzige Zweck, um dessentwillen man Zwang gegen den Willen eines Mitglieds einer zivilisierten Gemeinschaft rechtmäßig ausüben darf, der ist: die Schädigung anderer zu verhüten" (F I, 9; vgl. F I, 12 und dazu Riley 1988, 166). Der einzige Grund für die Einschränkung der Handlungsfreiheit des Individuums ist das fremdschädigende Verhalten. Sonst gilt der Grundsatz der größtmöglichen Freiheit: „Es ist *a priori* die Annahme immer zugunsten der Freiheit und Unparteilichkeit" (HF 129, Herv. P. R.). Mill formuliert ein schwaches, indirektes apriorisches Prinzip. Die Beweislast trägt im Zweifelsfall derjenige, der eine Einschränkung der Freiheit vornehmen will. Nur ohne guten empirischen Grund für eine Einschränkung der Freiheit gilt a priori, daß sie zu unterlassen sei.

Legaler Zwang durch die Gesetze und sozialer Zwang durch die öffentliche Meinung ist diesem Prinzip gemäß weder aufgrund der Durchsetzung einer bestimmten Vorstellung des guten Lebens noch aufgrund einer paternalistischen Sorge um das Wohl einer Person zu rechtfertigen (vgl. im Anschluß an Mill heute Feinberg 1984 und 1986). Weder die Klugheit noch die Ästhetik könne die Anwendung von Zwang rechtfertigen. Die Rechtsmoral des Liberalismus besteht in einer doppelten Abgrenzung: Weder der Paternalismus noch der Moralismus sind zur Rechtfertigung des politischen Zwangs geeignet; Zwang darf allein dem Schutz der Handlungsfreiheit einer Person dienen: „Über sich selbst, über seinen eigenen Körper und Geist ist der einzelne souveräner Herrscher." (F I, 9) Ausnahmen, die einen weichen Paternalismus rechtfertigen, läßt Mill aber zu: Kinder, welche noch nicht im Vollbesitz ihrer Fähigkeit zur Selbstbestimmung sind, dürfen natürlich an Dummheiten gehindert werden (F I, 10; PÖ 951). Auch bei einem Volk, das nicht für sich selbst sorgen kann, ist die Einmischung anderer Völker erlaubt. Für Barbaren ist der Despotismus eine legitime Regierungsform (F I, 10); trotzdem ist es nicht erlaubt, ein Volk zur Zivilisation zu zwingen (F IV, 20). In seinem Essay *A Few Words on Non-Intervention* (1859) streitet Mill den „Barbaren" das Recht auf Selbstbestimmung ab (CW XXI, 119); für ihn gibt es kein ursprüngliches Recht auf die Ausübung von Macht. Unverständlich ist nur, daß er die Reichweite seines liberalen Prinzips auf die Mitglieder zivilisierter Gemeinschaften eingrenzt. Es wird aber nicht deutlich, warum es nicht auch für Mitglieder unzivilisierter Gemeinschaften gelten sollte.

Daß es nun Probleme bei der Abgrenzung von selbst- und fremdschädigendem Verhalten gibt (vgl. F V; J. F. Stephen 1873/1967, 35 ff., und daran anknüpfend L. Stephen 1900, 286 ff.; Himmelfarb 1974, 96 ff.), daß kaum eine Handlung nur entweder auf die Person selbst bzw. nur auf andere Personen Auswirkungen haben wird, ist dagegen aber kein grundsätzlicher Einwand gegen das Prinzip selbst. Wenn sich Individuen auch nicht als vollständig von anderen Individuen isoliert ansehen lassen, wenn also jede Handlung potentiell auch Folgen für ein anderes Individuum haben kann, so lassen sich doch, auch wenn sie von Zeit zu Zeit der Korrektur bedürfen, Grenzen zwischen legitimen Freiheitsinteressen eines Individuums und illegitimen Ansprüchen der Einmischung in die Privatsphäre anderer Menschen ziehen (Wollheim 1973; Ryan 1974, 151 f.; Ten 1980, 10 ff. und 35 ff.; Rees 1985, 140 ff.).

Wie begründet Mill sein Freiheits-Prinzip? Zwar ist der Zweck einer Kunst keiner letzten Begründung fähig, aber auch auf dem Gebiet der Politik lassen sich Erwägungen anstellen, die den Geist zur Zustimmung geneigt machen können. Zum einen kennen die Menschen ihre eigenen Interessen viel besser und können sich besser um sie kümmern als jede Regierung (F I, 13; F V, 18; PÖ 942). Die Freiheit des Individuums ist zunächst also in der Klugheit, im Bereich des individuellen Wohls begründet. Man könnte von einer *instrumentellen*, folgenorientierten Rechtfertigung der Freiheit sprechen. Aber diese negative Freiheit, welche den Menschen vor äußeren Einmischungen schützt, steht bei Mill im Dienste der Entfaltung der höheren Fähigkeiten des Menschen. Sie erlaubt ihm, die Selbstherrschaft über sein Leben zu gewinnen und nach und nach eine positive Freiheit zu einer ästhetischen Existenzweise zu verwirklichen (Berlin 1969, 178; Wollheim 1979; Riley 1988, 215 und 233; Skorupski 1989, 347; Ten 1980, 74). Dieser *intrinsischen* Rechtfertigung zufolge kommt der Freiheit mehr als nur ein instrumenteller Wert zu. Die Sorge um die Freiheit ist ein wesentlicher Bestandteil der Lebenskunst selbst.

Die Freiheit dient dem Wohl des Individuums nicht nur als Mittel zum Zweck. Auch aus dem größten Nutzen wird sie von Mill nicht abgeleitet (Rawls TG § 33). Sie ist Voraussetzung dafür, daß der Mensch eine Vorstellung über sein Wohl ausbilden, eventuell korrigieren und verfolgen kann. Und aus diesem Grund geht sie allen anderen Erwägungen voran. Die negative Freiheit, die Abwesenheit äußeren Zwangs, dient für Mill gerade der Entfaltung der positiven Freiheit, der Befreiung des Individuums von inneren Zwängen und Abhängigkeiten (Ch. Taylor 1985, 212). Das zentrale dritte Kapitel der Freiheitsschrift ist gerade der „Individualität als ein[em] der Elemente der Wohlfahrt" gewidmet. Daß die Verweigerung der Freiheit auch schlechte Folgen hat, daß die Sklaverei ineffizient und mit einer höheren Lebenskunst unvereinbar ist (PÖ 247), daß die Ungleichheit der Frauen den Verlust vieler Vorteile bedeutet, das mögen folgenorientierte Erwägungen für die Gewährung der Freiheit sein. Die Tatsache aber, daß es solche Überlegungen gibt, bedeutet nicht, daß es keine anderen Überlegungen gäbe, die für die Freiheit selbst dann sprechen, wenn ihr Schutz ungünstige Folgen in den Bereichen haben würde, die nur das Individuum selbst betreffen. Und diese sprechen dafür, das Recht auf Freiheit selbst dann anzuerkennen, wenn ihre Ausübung unklug oder unästhetisch wäre.

Mills zentrales Anliegen ist die positive Freiheit, die Möglichkeit der Entfaltung der individuellen Anlagen und Fähigkeiten. Viel fürchterlicher als die politische Unterdrückung erscheint ihm deshalb die soziale Tyrannei der öffentlichen Meinung. Sie läßt „weniger Möglichkeiten zu entwischen, da sie viel tiefer in das private Leben eindringt und die Seele selbst versklavt" (F I, 5). Die Bildung der Individualität wird dann verhindert, der Mensch hat keinen Einfluß mehr auf die Formung seines Charakters; die Seele wird zum Gefängnis des Körpers. In der Besprechung des zweiten Bandes von *Über die Demokratie in Amerika* von Tocqueville konstatiert John Stuart Mill, die Kritik der Macht von Michel Foucault in *Überwachen und Strafen* (1975, 34) vorwegnehmend, eine „Tyrannei nicht über den Körper, sondern über den Geist" (CW XVIII, 178; vgl. F III, 8). Die Servilität und Anpassungsbereitschaft des Individuums bilde eine weitaus größere Gefahr für die modernen Demokratien als die Anarchie (CW XVIII, 188).

Eine der wichtigsten Vorkehrungen gegen diese Gefahr sieht Mill im Recht auf freie Meinungsäußerung (vgl. dazu Ten 1980, Kap. 8). Im Kampf gegen das Machtstreben ist die Wahrheit der wichtigste Verbündete der Freiheit. Sein leidenschaftliches Plädoyer für das Recht auf freie Meinungsäußerung hat zunächst mit seinem Interesse an der Wahrheit zu tun. Eine unterdrückte Beobachtung oder Erfahrung müsse uns zu falschen Verallgemeinerungen und fehlerhaften Schlüssen führen (SL 785 ff.). Ein erstes Argument sieht die unbeschränkte Möglichkeit zur Meinungsäußerung im Dienste der Wahrheitssuche. Es ist ein *epistemisches* Argument, das von der Annahme einer Fehlbarkeit des Menschen ausgeht. Wir können uns irren, sind daher darauf angewiesen, uns die Meinungen anderer Menschen anzuhören: „Wenn man sich weigert, eine Meinung anzuhören, weil man sie von vornherein für falsch hält, so bedeutet dies, daß man sich anmaßt, die eigene Gewißheit für eine absolute Tatsache zu halten" (F II, 4). Nichts berechtigt uns, von der Wahrheit einer Meinung zu sprechen, wenn wir sie nicht der Kritik ausgesetzt haben. „Vollständige Freiheit, unserer Meinung zu widersprechen oder sie zu mißbilligen, ist die einzige Bedingung, die uns rechtfertigt, sie als richtig anzunehmen zum Zweck des Handelns; unter keiner anderen Bedingung kann ein Wesen mit menschlichen Fähigkeiten eine vernünftige Sicherheit haben, im Recht zu sein" (F II, 7). Das Recht zur freien Meinungsäußerung ist also eine Bedingung der Möglichkeit, überhaupt von richtigen Meinungen sprechen zu können (vgl. Gräfrath 1992, 37).

Mill führt ein weiteres, ein *ethisches* Argument für das Recht auf Meinungsfreiheit an: Dieses Recht gründet nicht etwa im Interesse der betreffenden Person selbst, ihre Meinung zu äußern. Vielmehr setzt Mill hier beim Interesse der Zuhörerschaft an. Der Nutzen der Äußerung falscher Meinungen besteht für die Gesellschaft darin, daß jede falsche Meinung eine Herausforderung an die Inhaber richtiger Meinungen darstellt. Sie sind gezwungen, ihre Meinungen immer wieder aufs neue zu begründen. Damit kann der Tendenz entgegengewirkt werden, daß Wahrheiten zu leblosen Dogmen erstarren, daß den Menschen die guten Gründe für ihre richtigen Ansichten abhanden kommen, daß das Gemüt gegen alle „auf die edleren Teile unserer Natur gerichteten Einflüsse verkrustet und versteinert" (F II, 30). Die motivierende Kraft richtiger Überzeugungen läßt nach, wenn die Verbindung zu ihren Begründungen gelockert wird. Sowohl die Wurzeln als auch die praktische Bedeutsamkeit einer Erkenntnis werden ohne Diskussion schnell vergessen (F II, 29). Gäbe es in einer Gesellschaft keine Meinungsverschiedenheiten, müßte man geradezu Gegner der allgemein geteilten Meinungen erfinden. Jedenfalls hätten wir denen zu danken, „die eine traditionelle Meinung bestreiten" (F II, 36).

2. Repräsentative Demokratie

Die Abhandlung *Über die Freiheit* hat lange Zeit andere Schriften Mills zur politischen Philosophie in den Schatten gestellt. Dabei sind seine *Betrachtungen über die repräsentative Demokratie* weit mehr als nur ein spezieller Anwendungsfall seiner utilitaristischen Ethik und stehen in Zusammenhang mit der allgemeinen Frage nach dem Verhältnis von Individuum und Gesellschaft.

Auf den ersten Seiten seiner *Betrachtungen* prüft Mill zwei mögliche Antworten auf die Frage nach dem Wesen der Politik. Politische Institutionen lassen sich einerseits als Produkte des menschlichen Willens verstehen; nach dieser *voluntaristischen* Sicht wird ein Staat um bestimmter Zwecke willen errichtet. Voluntaristen betrachten „eine Verfassung nicht anders als einen Dampfpflug oder eine Dreschmaschine" (RD 27); Verfassungen sehen sie als Konstrukte des politischen Willens eines Volkes. Aber die Auffassung, das Volk sei souverän und gebe sich selbst eine Verfassung, ist Mill zufolge bloß ein unhaltbares metaphysisches Axiom (CW X, 304). Einer entgegengesetzten Auffassung von Politik zufolge ist eine Regierung „eine Art organisches Gebilde, das aus der Natur und dem Leben des betreffenden Volkes erwächst" (RD 28). Nach dieser *historistischen* Auffassung sind die grundlegenden Institutionen einer Gesellschaft nicht Gegenstände oder Ergebnisse freier Entscheidungen. Sie werden als Resultat des Wachstumsprozesses einer bestimmten Kultur verstanden und sind der freien Gestaltung weitgehend entzogen.

Beide Antworten verfehlen Mill zufolge das Wesen der Politik; es bedarf einer Kombination. Mill nimmt an, daß wir grundsätzlich frei bei der Gestaltung unserer politischen Institutionen sind, doch gilt es, gleichzeitig bestimmte gesellschaftliche, kulturelle und psychologische Voraussetzungen zu beachten. Mill nennt drei Bedingungen, die einer willentlichen Errichtung politischer Institutionen Grenzen setzen (RD 29f. und 77ff.). Zuerst bedarf es einer allgemeinen Akzeptanz der Verfassung durch das Volk; doch eine bloß passive, theoretische Zustimmung genügt nicht. Es ist weiterhin erforderlich, daß das Notwendige zur Aufrechterhaltung einer Verfassung getan wird; die Überzeugungen der Bürger müssen sich in ihrem Handeln widerspiegeln. Über eine allgemeine Bereitschaft aller Bürger zur Erhaltung demokratischer Institutionen hinaus ist drittens erforderlich, daß Amtsträger ihren spezifischen Verantwortlichkeiten gerecht werden.

Man könnte Mill an dieser Stelle fragen, ob diese drei Voraussetzungen für die Demokratie tatsächlich die *natürlichen*, der menschlichen und politischen Gestaltung entzogenen Vorbedingungen für die Demokratie darstellen? Ein Volk kann neue Sitten und Gewohnheiten annehmen, einen anderen Charakter ausbilden, es kann dann auch ein Verlangen nach einer anderen Regierungsform entwickeln. Durch Argumente, durch die Erziehung und durch die Politik läßt sich auf eine Ausbildung dieser Voraussetzungen hinarbeiten. Die Demokratie, und das erkennt auch Mill an, mag Kräfte freisetzen, die zur Aufrechterhaltung ihrer eigenen Grundlagen dienen. Mill berücksichtigt nicht zur Genüge, daß die Demokratie die Bedingungen ihrer Stabilität selbst herstellen, jedenfalls teilweise auch selbst wieder erneuern kann.

Nach der Wesensbestimmung politischer Institutionen geht Mill dazu über, nach einem Kriterium einer guten Regierungsform zu fragen. Es ist der Zweck, den wir mit der Errichtung einer Regierung verfolgen wollen, der von Mill als Maßstab für deren Beurteilung angesehen wird. Wieder betrachtet er zwei Antworten, die er dann verwerfen wird (RD 40). Weder die bloße *Stabilität* einer politischen Ordnung noch der gesellschaftliche *Fortschritt* finden ohne weitere Qualifikation seine Zustimmung. Denn beide Kriterien sind Mill zufolge wesentlich aufeinander bezogen. Jenseits von Ordnung und Fortschritt gilt es festzulegen, welcher Wert durch eine politische Ordnung geschützt bzw. fortschreitend verwirklicht werden soll.

Wie schon für Platon in den *Nomoi* (630c), sind es für Mill die Charaktereigenschaften des Menschen, die intellektuellen und moralischen Tugenden des Bürgers, welche bei der Frage nach der Legitimität einer politischen Ordnung den Orientierungspunkt bilden. Die Ausbildung dieser Charaktereigenschaften darf nach Mill – wenigstens in zivilisierten Gesellschaften (F I, 9) – nicht durch legalen Zwang oder den Druck der öffentlichen Meinung erfolgen. Mill widerspricht hier nicht seinem zentralen Grundsatz aus der Freiheitsschrift. Denn nur in einem Klima der Freiheit gewachsene Charaktereigenschaften sind ihrerseits als Mittel dem Zweck einer Vermehrung des qualitativ reichhaltigsten und größten Glücks aller Menschen förderlich. Mill mißt die Demokratie also an ihrem Beitrag zu wünschenswerten und empirisch beobachtbaren Folgen, nicht am Grade ihrer Übereinstimmung mit einem Rousseauschen Gemeinwillen (vgl. Beitz 1989, 32).

Näherhin sind es dann zwei Kriterien, die für den moralischen Wert einer Regierung den Ausschlag geben (RD 48; vgl. Thompson 1976). Zum einen hat eine Regierung *idealerweise* die Summe der geistigen, sittlichen und praktischen Fertigkeiten ihrer Bürger zu vergrößern. Das ist der absolute Maßstab. Er führt insofern nicht zur Aufweichung der Grenzen zwischen den Teilbereichen der Lebenskunst, als er nur unter idealen Umständen direkt angewendet werden kann. Das zweite Kriterium schränkt die Anwendung des absoluten Maßstabs in nicht-idealen Kontexten stark ein und besagt, daß das Regierungshandeln in bezug auf die *vorhandenen* Fähigkeiten der Bürger zu den bestmöglichen Ergebnissen führen muß. Ist eine gewisse Entwicklungsstufe – gerade des moralischen oder des ästhetischen Sinns – nicht erreicht, dann gebührt der individuellen Freiheit weiterhin ein Vorrang. Ein relativierendes Element wird somit in das Kriterium der bestmöglichen Regierungsform aufgenommen. Für Mill kann es keine universell beste Regierungsform geben, weil jede Regierung immer den jeweiligen historischen Umständen entsprechend zu gestalten ist. Das Kriterium der Beurteilung ist nur ein einziges; doch dessen Anwendung bedarf unter verschiedenen Umständen der Variation. Die Monarchie kann etwa viel besser als die repräsentative Demokratie dazu dienen, ein Volk zu einer politischen Einheit zusammenzuschweißen. Sie ist die beste Regierungsform für die frühen Stadien eines Gemeinwesens (RD 83). Nicht ohne Stolz verweist Mill in diesem Zusammenhang auf die wohltätigen Effekte der britischen Kolonialherrschaft in Indien (vgl. *Writings on India,* CW XXX, 155).

Wenn die ideale Regierungsform diejenige ist, welche die geistig-sittliche Entwicklung des Individuums am ehesten zu befördern in der Lage ist, dann wird aber die Demokratie in den meisten Fällen zu bevorzugen sein. Hier schließt sich John Stuart Mill

Bentham (*Constitutional Code* (1830), II. 16 in: 1983, Vol. I., 21) und James Mill (1978, 75) an. Seine Begründung weicht aber wieder auf charakteristische Weise von derjenigen seiner beiden Vorgänger ab: Eine demokratische Regierungsform, „die auf der Beteiligung des ganzen Volkes beruht" (RD 75), wird einen positiven Einfluß auf die sittliche und intellektuelle Entwicklung eines Gemeinwesens ausüben (vgl. CW XIX, 322f. und James Mill 1978, 92). Die erzieherische Wirkung der politischen Partizipation erfordert für Mill – hier wendet er sich gegen Bentham (1843, Bd. III, 453) und James Mill (*The Ballot* (1830) in: 1992, 243ff.) – eine öffentliche Stimmabgabe (RD, 10. Kap.; CW XIX, 313; vgl. Montesquieu, *Esprit des Lois* II. 2). Sein Argument erscheint uns heute, aufgrund unserer schlechten politischen Erfahrungen, natürlich naiv: Nur eine öffentliche Stimmabgabe könne gewährleisten, daß der Wähler gemäß den Interessen der Gemeinschaft und nicht in seinem eigenen Interesse abstimmt (CW XIX, 331; RD 168f.).

Die Beteiligung bei der Ausübung der Souveränität, hier schließt sich Mill Tocqueville an (CW XVIII, 168; RD 227), ist dabei vor allem auf kommunaler Ebene zu denken. Dort können die Bürger in öffentlichen Ämtern auch lernen, politische Verantwortung zu übernehmen. In der Gemeindeverwaltung befindet sich „die eigentliche Bildungsstätte des Bürgers, der praktische Teil der politischen Erziehung eines freien Volkes, die es aus dem engen Zirkel persönlicher und familiärer Selbstsucht herausführt" (F V, 19). Die mangelnde Kompetenz vieler Bürger spricht für Mill aber gegen eine direkte und für eine repräsentative Demokratie. Oft sind die Voraussetzungen bei einzelnen Personen nicht gegeben, um über Fragen, die das Gemeinwesen betreffen, mitentscheiden zu können. Bereits Kant galt ja das repräsentative System als wahre Republik (AA VI, 341), und genauso nennt Bentham die repräsentative Demokratie „das wohltätigste System und die einzig praktikable Form der Demokratie" (*Plan of Parliamentary Reform* (1817), in 1843, Bd. III, 451).

Das repräsentative Organ, das Parlament, ist dabei weitgehend auf die Deliberation beschränkt. Mill scheidet die Ausübung der Regierungsgewalt von deren Kontrolle. Die eigentliche Aufgabe einer Repräsentativversammlung beschränkt sich auf die Auswahl derjenigen, die die politischen Entscheidungen zu treffen haben (RD 94). Nicht einmal für die Gesetzgebung ist deshalb die Repräsentativversammlung das geeignete Organ; das Parlament soll also nicht die legislative Gewalt im Staate ausüben. Mill nimmt an, daß Gesetze von einem Ausschuß erarbeitet und beschlossen werden sollen (RD 96).

Mill sieht vor allem zwei Gefahren für eine Demokratie (RD 6. Kapitel, 121 ff.). Zum einen ist die Demokratie durch eine *kognitive* Inkompetenz der Repräsentanten gefährdet. Zum anderen bilden die *eigennützigen* Interessen der Machthabenden, in der Demokratie der Mehrheit, ein moralisches Problem (RD 112f.). In der Demokratie ist die Möglichkeit des Mißbrauchs der Macht durch die Mehrheitsherrschaft nicht beseitigt (F I, 4). Durch den Besitz von Macht wird die Gefahr einer Vorherrschaft egoistischer und kurzsichtiger Interessen sogar noch verstärkt. Auch wenn die Mehrheit herrscht, werden die Regierenden, von ihren eigenen Interessen geleitet, immer versuchen, ihren Machtvorsprung zu ihrem eigenen Vorteil auszunützen (Bentham 1843 Bd. III, 440 und Bd. IX, 65 ff.; James Mill 1978, 60). Im siebten Kapitel stellt Mill daher zwei Strategien vor, mit denen er diesen Gefahren begegnen will. Eine Beschränkung des Stimmrechts soll eine Lösung des *kognitiven* Problems bringen (RD 121 ff.). Durch eine gerechte Repräsentation von Minderheiten soll das *moralische* Problem gelöst werden (z. B. auch CW XIX, 329). In einer wahren Demokratie wäre jede Gruppe proportional vertreten (RD 122). Mill nimmt also nicht an, daß die Repräsentanten in der Demokratie sich auf ein imaginiertes Gesamtwohl beziehen, sie repräsentieren vielmehr die verschiedenen Einzelinteressen in einer Gesellschaft. Trotzdem gibt es keine Weisungsgebundenheit für den Repräsentanten. Mill plädiert für ein freies Mandat (RD, Kap. 12); Repräsentanten brauchen einen gewissen Spielraum, um im wahren Interesse ihrer Auftraggeber entscheiden zu können.

Zum Zweck der Verwirklichung einer möglichst gerechten Repräsentation greift Mill den Vorschlag einer personalisierten Variante des proportionalen Wahlrechts von Thomas Hare aus dessen Schrift *The Elections of Representatives* von 1858 (RD 126 ff.) auf, nach welcher die Wähler für bedeutende Persönlichkeiten auch in anderen Wahlkreisen ihre Stimme abgeben können. Vereinigt ein Kandidat die für einen Parlamentssitz notwendige Mindestzahl an Stimmen auf sich, dann gilt er als gewählt. Erreicht er diese Mindestzahl nicht, so sind die Stimmen der Bürger, die ihn gewählt haben, nicht verloren. Denn jeder Bürger hat mehrere Stimmen, die er in eine Rangordnung bringt. Und im Falle des Scheiterns seiner ersten Wahl bekommt derjenige Kandidat die Stimme, welcher den zweiten Rang auf dem Stimmzettel eines Bürgers einnimmt usw. Dieses System der persönlichen Repräsentation von Thomas Hare kombiniert die Vorteile, die sich aus einer persönlichen Beauftragung eines Abgeordneten in einem Mehrheitswahlrecht ergeben, mit den Vorzügen einer proportionalen Repräsentation von Minderheiten in einem Volk.

Für Mill stellt sich das Kompetenzproblem in der Demokratie auf besonders dringliche Weise. Im 8. Kapitel seiner *Betrachtungen* (vgl. auch seine *Thoughts on Parliamentary Reform* in CW XIX, 323–328) schlägt er daher ein Pluralwahlrecht vor, welches die Zahl der Stimmen eines Bürgers bei der Wahl der Repräsentanten von dessen Bildungsgrad abhängig macht (zu Mills Zweifeln zehn Jahre später vgl. A 261 f.). Es sieht etwa für Absolventen einer Universität zwei zusätzliche Stimmen bei den Abgeordnetenwahlen vor. (In Großbritannien hatten übrigens zwischen 1918 und 1949 Wahlberechtigte mit einem Universitätsdiplom eine zusätzliche Stimme zur Wahl von zwölf zusätzlichen Universitätsvertretern im Unterhaus.) Das Pluralwahlrecht soll allerdings nicht dazu führen, daß die Gebildeten nun ihrerseits zum eigenen Vorteil Klassengesetzgebung betreiben (RD 153). Mill setzt vielmehr darauf, daß ein gebildeter Mensch eher an das Gemeinwohl denken wird als ein ungebildeter Mensch; außerdem fordert er, daß jeder die Chance erhalten soll, die entsprechende Bildung für mehr als nur eine Stimme zu erhalten (RD 147).

Die Einwände gegen ein Pluralwahlrecht liegen auf der Hand, es scheint uns ungerecht, weil es der politischen Gleichheit der Bürger einer Demokratie widerspricht (vgl. aber Rawls' wohlwollende Interpretation TG § 37). Für Mill ist die Verteilung der politischen Macht aber aus dem Grund keine Frage der Gerechtigkeit, weil er von vornherein kein Recht auf die Ausübung von Macht innerhalb der Politik annimmt. Allein das Interesse an der individuellen Freiheit, nicht das Interesse an der Ausübung von Macht über andere Menschen, zählt nach Mill zu den legitimen, weil glücksfördernden Interessen des Menschen. Selbst wenn wir nicht einverstanden sind: Eine gewisse Stringenz der Argumentation kann man Mill jedenfalls nicht absprechen.

3. Wirtschaftlicher Reichtum

Der Wert der bürgerlichen Freiheit gründet in der für Mills Ethik grundlegenden Bedeutung der Selbstsorge. Ein intrinsischer Wert aber der wirtschaftlichen Freiheit läßt sich daraus nicht ableiten; Mills Liberalismus läßt sich deshalb auch mit dem Sozialismus vereinbaren (Gray 1983, 18). Sicherlich hat vor allem Harriet Taylor einen großen Einfluß auf Mills Wirtschaftstheorie ausgeübt; so wird etwa das Kapitel *On the Probable Future of the Labouring Classes* (A 255) in die dritte Auflage von 1852 der *Grundsätze der politischen Ökonomie* aufgenommen (PÖ 758 ff.). Mill, in der ersten Auflage noch ein Anhänger des *laissez-faire*, äußert 1852, nicht zuletzt auch unter dem Eindruck der Revolution von 1848, große Sympathien für den Sozialismus. Später allerdings, in den *Chapters on Socialism*, kühlen diese wieder etwas ab.

Der Mensch ist für Mill ohnehin kein *homo oeconomicus*; die Arbeit, der Kampf gegen die Knappheit erschöpft sein Wesen nicht. Der Mensch ist an Ideen, an der Philosophie, an den schönen Künsten um ihrer selbst willen interessiert. Dennoch, das streitet Mill nicht ab, bedarf er dazu bestimmter materieller Grundlagen und einer minimalen sozialen Absicherung. Schon elf Jahre vor der Freiheitsschrift erschienen Mills *Grundsätze der politischen Ökonomie*, die neben seiner *Logik* zu seinen Lebzeiten seinen Ruf begründeten. Sie hatten auch einen ähnlich großen Erfolg wie schon seine *Logik*. Bis zu Mills Tod, ein Vierteljahrhundert später, erschienen sieben Auflagen, und bis zum Ende des 19. Jahrhunderts wurden sie als Standardwerk an fast allen Universitäten verwendet.

Die *Grundsätze* tragen den Untertitel: „mit einigen Anwendungen auf die Sozialphilosophie". Mill sieht die politische Ökonomie nämlich nicht als eine gegenüber anderen Wissenschaften autonome Disziplin. Sie ist eine besondere Sozialwissenschaft (vgl. schon seine Abhandlung *Definition and Method of Political Economy* von 1836, die als fünfter Essay in die 1844 erscheinenden *Essays on Some Unsettled Questions of Political Economy* aufgenommen wird, CW IV, 309–339); ihre Zwecke, die Produktion und Verteilung von Reichtum, sind dieser Wissenschaft aber von der Politik vorgegeben. Mill will Adam Smiths klassische

Einführung in die politische Ökonomie *The Wealth of Nations* unter Berücksichtigung neuerer Erkenntnisse von David Ricardo (1817) und James Mill (1821) auf den neuesten Stand bringen. Karl Marx etwa, der zur gleichen Zeit wie Mill in London arbeitete und lebte – das *Manifest der kommunistischen Partei* erscheint im gleichen Jahr wie Mills *Grundsätze* –, zählt die beiden Mills zu den „bürgerlichen Ökonomen" (1991, 394; zum Verhältnis von Marx und Mill vgl. Duncan 1973), ohne Mills Kritik des Privateigentums wahrzunehmen.

Die politische Ökonomie geht von einer Prämisse aus, die mit den Fakten nicht in allen Fällen übereinstimmen muß. Ihre Hypothese lautet: Die Menschen handeln eigennützig (CW IV, 325f.), der Wunsch nach Reichtum liegt allen ihren Handlungen zugrunde (SL 901). Reichtum nennt Mill auch ein „universelles Objekt der menschlichen Wünsche" (PÖ 3). Dieser Wunsch befindet sich in Konflikt mit zwei anderen Wünschen: der Abneigung gegen jegliche Arbeit oder Anstrengung und dem Wunsch, in gegenwärtigen, kostspieligen Genüssen zu schwelgen (CW IV, 321). Das sind für Mill die drei miteinander rivalisierenden Antriebsfedern menschlichen Handelns auf dem Gebiet des Wirtschaftens. Das Streben nach Reichtum muß sich also von Anfang an gegen mächtige Konkurrenten behaupten.

Mill weiß zudem: Gerade in der Politik ist das Bestreben nach einer Vermehrung des Reichtums nicht die einzige Antriebsfeder: Wirtschaftliche Vorteile können unter Umständen auch der nationalen Sicherheit oder dem nationalen Prestige geopfert werden. Der Wunsch nach Freiheit oder auch der Wunsch nach Macht – letzterer ist etwa für Thomas Hobbes der wesentliche Antrieb allen menschlichen Handelns (1968, I. 11) – mag dem Wunsch nach Reichtum in vielen Fällen vorangehen. So bezeichnet Mill Effizienzeinbußen zum Zweck der Freiheitssicherung, aber auch zum Zweck der nationalen Sicherheit, der Autarkie eines Staates inmitten einer feindlich gesinnten Staatenwelt als unter bestimmten Umständen gerechtfertigt (PÖ 916f.; vgl. Cohens neuen Ansatz einer politischen Ökonomie der internationalen Beziehungen 1991). Mills Ökonomie stellt den Primat der Politik nicht in Frage.

Was ist überhaupt unter Reichtum zu verstehen? Entgegen dem Vorurteil der im absolutistischen Zeitalter vorherrschenden Doktrin des Merkantilismus ist der nationale Reichtum nicht mit Geld oder der Anhäufung von Gold allein zu messen (PÖ 4). Geld allein befriedigt schließlich kein Bedürfnis. Reichtum besteht vielmehr „in all den nützlichen und angenehmen Dingen, die einen Tauschwert besitzen, oder, mit anderen Worten, in all den nützlichen und angenehmen Dingen außer denen, die man in der gewünschten Menge ohne jegliche Arbeit, ohne jedes Opfer erhalten kann" (PÖ 10). Da das Geld nur von begrenztem Nutzen sein kann, erschöpft sich der Reichtum auch nicht im Geld. Mill sieht etwa, daß den Menschen der Viktorianischen Ära die Fähigkeit abgeht, von ihrem Reichtum überhaupt Gebrauch zu machen (PÖ 105), die Freuden der Gegenwart auf die richtige Weise zu genießen (PÖ 171). Für den Hedonisten kann die Akkumulation von Reichtum kein Selbstzweck sein.

Ein wichtiger Beitrag Mills auf dem Gebiet der Ökonomie ist seine Einsicht in den Unterschied zwischen den Gesetzen der Produktion und den Gesetzen der Verteilung des gesellschaftlichen Reichtums (Smith 1985). Die Gesetze der Produktion des wirtschaftlichen Reichtums sind im Bereich der Notwendigkeit verwurzelt; sie sind von den äußeren Umständen abhängig. Die Gesetze der Verteilung dieses Reichtums verweisen dagegen auf den Bereich der menschlichen Freiheit, der politischen Verantwortlichkeit (PÖ 199 ff.). Die Verteilung des gesellschaftlichen Reichtums ist nicht einfach nur die Folge des Wirkens einer unsichtbaren Hand bei dessen Produktion; sie hat sich am Maßstab der sozialen Gerechtigkeit zu orientieren.

Auf der anderen Seite steht die rigide Unterscheidung von Produktion und Verteilung des gesellschaftlichen Reichtums der Einsicht in den tieferen Zusammenhang beider Bereiche im Wege. Bei der Produktion des gesellschaftlichen Reichtums mag es zu einer bestimmten Verteilung kommen, die wir nicht zu akzeptieren gezwungen sind und verändern können. Wenn wir jedoch die Verteilung des gesellschaftlichen Reichtums verändern können, müssen wir auch die Rückwirkungen berücksichtigen, die eine Umverteilung auf die Produktionsverhältnisse haben kann. Mill weiß zwar, daß jede Verteilung bestimmte Folgen auf die Produktion haben wird (PÖ 200). Das komplexe Wechselverhältnis von Produktion und Verteilung bleibt ihm aber letztlich verschlossen. Mills Fehler bestand in der Annahme einer grundsätzlichen Verschiedenheit der Gesetzmäßigkeiten von Produktion und Verteilung (Schumpeter 1965, 664; Rawls' Differenzprinzip soll nicht zuletzt diesen Fehler korrigieren TG § 13).

Was die Gesetzlichkeiten angeht, denen die wirtschaftliche Produktion von Reichtum unterworfen ist, folgt Mill seinen berühmten Vorgängern Smith, Ricardo und James Mill. Die drei Produktionsfaktoren Boden, Arbeit, Kapital und die Möglichkeiten zu deren Kombination bestimmen den Umfang der möglichen Produktion einer Gesellschaft. Wichtige Fortschritte macht Mill aber in der Theorie der internationalen Wertschöpfung. Adam Smith begründete die Lehre von den Produktivitätssteigerungen, welche durch eine internationale Arbeitsteilung ermöglicht werden. Das liberale Credo der klassischen politischen Ökonomie war der möglichst unbeschränkte Freihandel. David Ricardo entwickelt Smiths Theorie mit dem berühmten Theorem der komparativen Kostenvorteile fort (1817, Kap. 7; vgl. James Mill 1821, III. 4), nach welchem die internationale Arbeitsteilung und die Spezialisierung eines Landes auf die Produktion eines Gutes selbst dann vorteilhaft ist, wenn dieses Land im Vergleich zu anderen Ländern auch andere Güter billiger als diese produzieren kann.

Mill knüpft an diese Theorie an (PÖ 588f.; vgl. sein *Of the Laws of Interchange between Nations* von 1830 in CW IV, 232–261) und erweitert sie um zwei Elemente (vgl. Schumpeter 1965, 748ff.). Erstens wird mit der Frage nach der Arbeitsteilung bei der Produktion von Gütern die Verteilungsfrage nicht vollständig beantwortet (CW IV, 235ff.). Selbst bei einem wechselseitigen Vorteil durch die internationale Arbeitsteilung kann es mehrere Möglichkeiten geben, diesen Vorteil zu verteilen. Er mag für den einen wesentlich größer als für den anderen ausfallen. Letztlich hängt die Verteilung des gemeinsamen Vorteils auf die einzelnen von Angebot und Nachfrage der jeweiligen Güter ab, die ihrerseits wiederum durch die Wirtschaftspolitik, z.B. Schutzzölle oder Exportförderung, beeinflußt werden können (CW IV, 245ff.). Zweitens sieht Mill, daß komparative Kostenvorteile durch den jeweiligen Entwicklungsstand der heimischen Industrien geprägt, also keine naturgegebene Konstante, sondern durch politische Eingriffe zu steuern sind. Mill ist kein Anhänger des Protektionismus, doch in manchen Fällen können Schutzzölle zur Förderung der heimischen Industrie berechtigt sein (PÖ 918f.; vgl. Gilpin 1987, 185). Schumpeter zufolge (1965, 620) hat Mill das Schutzzollargument sogar von Friedrich Lists *Das nationale System der politischen Ökonomie* übernommen. Einen Beweis gibt es dafür nicht; man weiß jedoch, daß Mill das Buch kannte (vgl. CW XIII, 506).

Radikal setzt sich Mill von seinen Vorgängern Smith und Ricardo im Wissen um die Grenzen der Ökonomie ab. Der Reichtum mag ein universelles Objekt menschlicher Wünsche sein, ihr einziges oder höchstes Objekt ist er für Mill nicht. Die Ausbildung und Fortentwicklung der Befähigung, den Reichtum zu genießen, und die Berücksichtigung der Frage nach einer fairen Verteilung erscheinen ihm in fortgeschrittenen Gesellschaften mindestens ebenso wichtig wie die Produktion von zusätzlichem Reichtum (PÖ 755). Im Gegensatz zu Ricardo (1817, Kap. 6 „Über die sinkende Profitrate der Kapitalinvestition") bewertet er das Erreichen des sogenannten „stationären Zustands" (PÖ 752ff.), in dem die maximale Produktionsstufe einer Wirtschaft erreicht ist, nicht negativ. Die menschliche Entwicklung kommt dort nicht insgesamt an ein Ende (PÖ 756). Mill knüpft dabei an Aristoteles' Kritik der *Pleonexie*, des Mehr-Haben-Wollens (NE 1129b–1130b5), an und greift so gleichzeitig der Kritik an der Ideologie eines unbegrenzten Wirtschaftswachstums im 20. Jahrhundert (z.B. von Galbraith 1958) vor.

Neben der Sorge um die beste Qualität von Lustempfindungen enthält das Prinzip des größten Gesamtnutzens auch eine moralische Dimension und fordert eine gerechte Verteilung der Güter. Die Verteilung des Reichtums geht letztlich auf soziale Institutionen zurück. Das Eigentum ist deshalb eine soziale, keine natürliche Institution. Zwar hat das Eigentum seinen historischen Entstehungsgrund nicht in der Nützlichkeit, doch seine einzige Rechtfertigung hat es dort, nicht in natürlichen Rechten des Menschen (PÖ 201). Die Verteilung des Eigentums ist nach Mill allein ausgehend von dessen Wirkungen auf die allgemeine Wohlfahrt zu rechtfertigen (*Chapters on Socialism* CW V, 706 und 753). Gleichwohl ist er durchaus kein Verfechter einer absoluten Gleichverteilung des gesellschaftlichen Reichtums und lehnt die kommunistischen Auffassungen von Robert Owen und Louis Blanc (PÖ 203) ab. Gegen eine absolute Gleichverteilung sprechen für ihn unter den gegebenen Umständen sowohl Gesichtspunkte der Effizienz (CW V, 739f.) wie auch Gesichtspunkte der Gerechtigkeit. Solange die eigennützige Motivation sehr stark ist, „würde jede Person unablässig damit beschäftigt sein, ihren fairen Beitrag möglichst zu umgehen" (PÖ 204). Andererseits glaubt Mill an die Veränderbarkeit menschlicher Handlungsantriebe. Auch wenn er nicht leicht zu überwinden ist (CW V, 740), der Egoismus ist keine Naturgegebenheit. Die Menschheit ist eines größeren Maßes an Gemeinsinn fähig, als die gegenwärtige Zeit anzunehmen bereit ist (PÖ 205).

Außerdem ist die Arbeit ungleich verteilt, die Arbeitsteilung läßt sich nicht aufheben; eine absolute Gleichheit bei der Entlohnung der Arbeit wäre ungerecht (CW V, 744). Deshalb spricht sich Mill für eine sozialistische Position aus, die moderate Ungleichheiten bei der Verteilung toleriert. Wie die Kommunisten fordern die Sozialisten Henri St. Simon und Charles Fourier die Abschaffung des Privateigentums und dessen Umwandlung entweder in genossenschaftliches Eigentum oder Staatseigentum. Und dieser Überführung des Privateigentums in genossenschaftliches Eigentum stimmt Mill durchaus zu. Auf lange Sicht wird sich genossenschaftliches Management sogar als effizienter erweisen (PÖ 203 und 792; CW V, 737). Zwar plädiert Mill für eine schrittweise Abschaffung des Privateigentums und dessen Überführung in genossenschaftliche Hände, doch er fürchtet sich vor dem Verschwinden eines freien Wettbewerbs und einer damit einhergehenden gesellschaftlichen Konformität. Mill fürchtet auch die Tyrannei der öffentlichen Meinung in einem kommunistischen System, welche für die Entwicklung des individuellen Charakters keinen Platz läßt (CW V, 745 f.).

Für Mill stand deshalb bei seiner Analyse sozialer Ungerechtigkeiten das Erbrecht an erster Stelle seiner Kritik: Niemandem sollte es erlaubt sein, mehr als die notwendigen Mittel für eine moderate Unabhängigkeit zu erben (PÖ 887 ff. und 218 ff.; vgl. hier Walzer 1983, 126 ff.). Eine zweite Zielscheibe von Mills Kritik war die Bestimmung der Einkommen von Lohnarbeitern. Eine gerechte Verteilung würde nicht notwendig eine Gleichverteilung des Erlöses der Produktion an alle beteiligten Arbeiter erfordern. Unfair sind jedoch die existierenden Ungleichheiten des Lohns: Die schwersten Arbeiten werden nämlich am schlechtesten bezahlt (PÖ 383); dabei fordert die Gerechtigkeit eine direkte Proportionalität von Anstrengung und Lohn (CW V, 714).

Ein weiteres soziales Anliegen für Mill war die allgemeine Schulbildung. Hier bedarf es eines staatlichen Zwangs, weil Kinder in diesem Falle ihre eigenen Interessen nicht wahrnehmen können und Eltern vielleicht nicht im Interesse ihrer Kinder handeln. So setzte sich Mill für die gesetzliche Beschränkung der Kinderarbeit (PÖ 992) und die Einführung der allgemeinen Schulpflicht (PÖ 948f.; vgl. F V, 12) ein. Zuletzt sieht Mill es als eine soziale Aufgabe der Gemeinschaft an, den Armen zu helfen (PÖ 960ff.), ohne sie dabei in neue Abhängigkeiten zu führen. Die Bekämpfung der Armut ist eine Frage der sozialen Gerechtigkeit und der politischen Verantwortung, nicht eine Frage des privaten Wohlwollens. Die staatliche Hilfe soll aber nicht neue Abhängigkeiten schaffen, und sie gilt ausschließlich den Individuen, die nicht selbst für sich sorgen können. Maßnahmen wie Arbeitszeitverkürzung durch Regierungsintervention sind jedoch erlaubt und notwendig (PÖ 957).

Mills *Grundsätze* enden mit einer allgemeinen Diskussion der Staatsaufgaben in der Wirtschaft (PÖ, Buch V): Welchen Einfluß darf der Staat auf die Abläufe von Produktion und Distribution innerhalb eines Staates nehmen? Man kann Mills Position hier so zusammenfassen: Staatliche Interventionen sind nur bei einer Vermehrung des Gesamtnutzens gestattet (PÖ 803).

4. Frauenrechte und Gemeinwohl

Mills Schrift über *The Subjection of Women* nimmt mit ihrem Engagement für Rechte und Wohl der Frauen eine Ausnahmestellung in der Tradition der politischen Philosophie ein (vgl. Okin 1979, 197ff.). Auch seine Kunst, logische, ästhetische und moralische Argumentationen miteinander zu verknüpfen und die Verschränkung von falschem Denken und politischem Unrecht aufzuzeigen, erreicht hier einen Höhepunkt. Viel mehr als wieder nur ein Problem der angewandten Ethik steht mit der Gleichstellung der Frauen auf dem Spiel. Insofern die Familie die Schule unserer moralischen Einstellungen und Gefühle bildet, wurzeln „in der gegenwärtigen Verfassung des Verhältnisses zwischen Mann und Frau ... alle in der Menschheit vorhandenen selbstischen Neigungen, alle Selbstvergötterung und ungerechte Selbstbevorzugung" (HF 247). Eine dauerhafte Veränderung des Verhältnisses der Geschlechter wäre daher ein bedeutender Schritt zu „einer edleren moralischen Gesinnung" (HF 190). Die Gleichstellung der Frau in Familie und Gesellschaft könnte gar die „moralische Regeneration der Menschheit" (HF 270; vgl. PÖ 765) einleiten.

Die Ungleichbehandlung der Frauen steht für Mill in einem „schneidenden Gegensatz zur modernen Zivilisation" (HF 136); er bezeichnet ihre Unterdrückung als ein „Relikt einer vergangenen Zeit" (HF 156), als „einen Hohn gegen alle Prinzipien der modernen Welt" (HF 246). Die Sklaverei ist in Europa abgeschafft, die autoritäre, arbiträre Herrschaftsform des Absolutismus hat im 19. Jahrhundert mehr und mehr konstitutionellen Monarchien Platz gemacht, wie konnte es geschehen, daß dieses „Recht" des Stärkeren bis in das 19. Jahrhundert hinein überlebt hat? Mill antwortet, daß die Unterdrückung der Frauen mit einer schier unglaublichen Perfidie organisiert worden sei. In der Ehe sind die Frauen einem strengen System der Überwachung unterworfen; sie sind vereinzelt, isoliert, eine Rebellion ließe sich nur schwer organisieren (HF 143). Zudem haben die Männer die unterdrückten Frauen von der Rechtmäßigkeit und der wechselseitigen Vorteilhaftigkeit der Ungleichheit überzeugen können: „Die Frau wird zur Mittäterschaft angehalten", schreibt Simone de Beauvoir noch 100 Jahre später: „Die Wonnen der Passivität sind es, die Eltern und Erzieher, Bücher und Mythen, Frauen und Männer dem kleinen Mädchen vorgaukeln" (1968, 290).

Mill identifiziert zwei Argumente zur Rechtfertigung der Ungleichbehandlung der Frauen: ihre natürliche Unterlegenheit und ihren freien Willen. Für Kant etwa gibt es noch eine „natürliche Überlegenheit des Vermögens des Mannes über das weibliche in Bewirkung des gemeinschaftlichen Hauswesens" (AA VI, 279). Mill merkt an: Die angebliche Natur der Dinge ist meist nur Resultat einer Gewohnheit, die Dinge so und nicht anders zu sehen (HF 145); die Berufung auf die Natur ist oft nur eine ungerechtfertigte Verallgemeinerung von wenigen Beobachtungen (HF 225; vgl. Mills Abhandlung über die *Natur* CW X, 373–402). Was als

Natur ausgegeben wird, könnte das Produkt besonderer gesellschaftlicher Umstände sein; als Begründungsinstanz kann sie daher nicht dienen. Die angebliche Natur der Frauen ist etwas „künstlich Erzeugtes – das Resultat erzwungener Niederhaltung" (HF 158; vgl. heute ähnlich Bourdieu 1998, 7f.). Und selbst wenn die Unfähigkeit der Frau zu bestimmten Tätigkeiten ein von der Natur vorgegebenes Faktum sein sollte, läßt sich daraus nicht folgern, daß den Frauen die Ausübung dieser Tätigkeiten verboten werden kann (HF 166f.).

Eine zweite Begründungsstrategie macht die Freiwilligkeit der Unterwerfung der Frauen geltend. Die Ehe ist ein Vertrag, und, so wird argumentiert, die Frauen hätten sich aus freiem Willen in die Unterwerfung gefügt. Mill verwirft auch dieses Argument. Zuerst kann von der Freiwilligkeit der Unterwerfung keine Rede sein. Die sich mehrenden Proteste gegen das Unrecht gegen Frauen bezeugen, daß das Verhältnis der Geschlechter weiterhin allein auf dem Gesetz des Stärkeren beruht (HF 148). Aber selbst eine individuelle Zustimmung zu einem Unterwerfungsvertrag muß nicht notwendig ein Rechtsverhältnis begründen; Zwang und Täuschung können einen Vertrag nichtig machen. Die Vertragsfreiheit hat dort ihre Grenzen, wo es um die Freiheit selbst geht. „Es ist nicht Freiheit, sich seiner Freiheit entschlagen zu dürfen" (F V, 9). Und wenn man schon die Vertragsfreiheit bemüht, dann müßte man auch die Möglichkeit einer Auflösung des Ehebandes bei gegenseitigem Einverständnis gewähren (vgl. dazu den Essay von 1832/33 in CW XXXI, 37–49 und seine Kritik an Comte in CW X, 311).

Mills zentrales Argument gegen die Ungleichstellung der Frauen lautet, daß sie ein Hindernis für die bestmögliche Ausübung der Fähigkeiten des Menschen zum eigenen Wohl, zum Wohle der Gesellschaft und der Menschheit insgesamt darstelle. Sie ist sowohl eine Ungerechtigkeit gegenüber einzelnen Individuen als auch von direktem Nachteil für die Gesellschaft. Sie ist individuell wie kollektiv eine Dummheit. Eine Gleichstellung hätte dagegen eine „Verdoppelung der dem Dienst der Menschheit zu Gebote stehenden Summe der Intelligenz" (HF 250) zur Folge. Darüber hinaus widerspricht die Ungleichbehandlung der höheren Art von Freude, die wir bei der Ausübung unserer Freiheit erfahren könnten. Die Ungleichbehandlung der Frauen ist allein im ungerechtfertigten Machtstreben des Mannes verwurzelt und widerspricht allen Regeln der Lebenskunst.

Schlechter als Sklaven sind die einzelnen Frauen in der Ehe gestellt: „Kein Sklave ist Sklave in solcher Ausdehnung und in so vollem Sinne des Wortes, wie es die Frau ist" (HF 172). Zwar mögen die nachteiligen Auswirkungen eines mangelnden Rechtsstatus der Frau in Einzelfällen durch Gefühle, durch eine echte Zuneigung gemildert sein (HF 175). Dies tut aber der Tatsache keinen Abbruch, daß nach dem feudal-patriarchalischen englischen Eherecht zu Mills Zeit der Ehefrau kein Recht auf ein eigenes Vermögen, der Mutter auch kein Recht auf gemeinsame Kinder zukam. (Mill verzichtete übrigens vor seiner eigenen Eheschließung ausdrücklich auf diese Vorrechte, vgl. Hayek 1951, 168; bzw. CW XXI, 99.)

Auch die Stellung der Frau in der Gesellschaft widerspricht der Lebenskunst. Der einzelnen Frau geschieht ein individuelles Unrecht, wenn ihr die Möglichkeit vorenthalten wird, in der Gesellschaft bestimmte Positionen einzunehmen. Doch auch den Männern geschieht ein Unrecht. Die Wahlfreiheit der Männer, die etwa lieber eine Frau zu ihrem Arzt, zu ihrem Anwalt oder zu ihrem Abgeordneten gewählt hätten (HF 203), wird durch die rechtliche Ungleichheit der Frauen drastisch eingeschränkt. Eine rechtliche Gleichstellung der Frau müßte deshalb in ihrem eigenen Interesse sein.

Den aus der aktuellen Debatte bekannten Gegensatz zwischen einem liberalen und einem radikalen Feminismus (vgl. MacKinnon 1987) würde Mill nicht akzeptieren. Denn er plädiert sowohl für eine rechtliche Gleichstellung wie auch für radikalere Reformen. Zwischen dem liberalen und dem radikalen Mill gibt es (entgegen Annas' Auffassung, 1981) insofern keinen Widerspruch, als Mills Konzept der Lebenskunst gerade eine Kombination beider Elemente erlaubt (vgl. Berger 1984, 201 f.; allgemein dazu Wollheim 1973, 29). Die Frage nach den gleichen Rechten für die Frauen ist die Sorge des liberalen Mill; insbesondere in nicht-idealen Umständen kommt der Freiheit ein Vorrang zu. Mill geht es über bloße Rechte hinaus aber auch um das Ideal der Entwicklung eines freieren, selbstloseren Verhältnisses der Geschlechter. Damit ist die ästhetische Dimension in der Lebenskunst angesprochen, welche nicht durch die Politik, nicht durch legalen

Zwang, sondern allein durch die Erziehung und den Einfluß der öffentlichen Meinung gefördert werden kann.

Gewisse naturgegebene Unterschiede zwischen Mann und Frau finden sich trotz aller gegensätzlichen Beteuerungen plötzlich doch bei Mill. Sie haben zwar keine Auswirkungen auf seine Forderung nach einer rechtlichen Gleichstellung der Frau, Mill – und hier bleibt er zuletzt doch den Vorstellungen seiner Zeit verhaftet – rüttelt aber nicht an den traditionellen Formen der Arbeitsteilung zwischen Mann und Frau. Die Mehrheit der Frauen, so nimmt er außerdem an, würde wohl die Heirat einer Karriere vorziehen. Letztlich stimmt Mill deshalb mit Kants Auffassung überein, der Zweck der Frau sei in der Erhaltung der Art und der Verfeinerung der Gesellschaft zu sehen (AA VII, 305f.). Im Normalfall führe die Frau den Haushalt, widme sich der Erziehung der Kinder, während der Mann einer Erwerbsarbeit nachgehe (HF 197). Die „tatsächliche Wichtigkeit der Frau" sei darin zu sehen, „für sein tägliches Behagen und seine Annehmlichkeiten" zu sorgen, und dies bilde dann die Grundlage, „aus der sich die Liebe zu der Frau um ihrer selbst willen entwickelt" (HF 182; vgl. CW XXI, 44).

Mill sieht die besondere Stärke der Frauen vor allem in einer Sensibilität für die gegenwärtigen Sorgen und Bedürfnisse im Gegensatz zur übergroßen Abstraktionsneigung des männlichen Geschlechts (HF 214). Sie zeichne sich durch ein besonderes „Empfindungsvermögen für das Gegebene" und ein „praktisches Talent" aus (HF 213). Mann und Frau mögen zwar die gleichen Rechte haben, das gute Leben werden sie meist in unterschiedlichen Beschäftigungsarten realisieren. Das widerspricht eindeutig seiner These, daß sich die Unterschiede zwischen dem Charakter und den Fähigkeiten von Mann und Frau in idealen gesellschaftlichen Verhältnissen auflösen würden (HF 211). Er ist auch blind für die Ungerechtigkeit, die darin bestehen kann, daß Männer sich meist nicht zwischen einer Familie und einer Karriere entscheiden müssen, bei den Frauen jedoch die Wahl einer Karriere oft dem Verzicht auf eine Familie gleichkommt. Und umgekehrt.

V. Phänomene und Gott

Als metaphysisch bezeichnet man Fragen nach dem Anfang, dem Aufbau und dem Ende der Welt, Fragen auch nach den Bewohnern dieser Welt, nach der Natur des menschlichen Geistes, nach der personalen Identität, nach der Freiheit des Willens. In der *Logik* wollte sich Mill in strikter metaphysischer Neutralität üben. In seiner *Überprüfung der Philosophie Sir William Hamiltons* stellt er sich diesen Fragen direkt. Zwar nimmt die Kritik am heute weitgehend vergessenen William Hamilton – Inhaber des Lehrstuhls für Logik und Metaphysik an der Universität in Edinburgh von 1836 bis 1856, „die große Festung der intuitiven Philosophie" (A 270) und der „Repräsentant der besten Form des Germanismus" (CW XV, 763; für biographische Hinweise vgl. Ryan 1979, xv ff.) – und an dessen Schüler H. L. Mansel, Professor für Philosophie in Oxford, den größten Raum ein. In den berühmten Kapiteln XI und XII stellt Mill dann aber seine eigene, „phänomenalistische" (Skorupski 1989, 229 ff.) Position vor. Neben Mills religionsphilosophischem Ansatz aus seiner Schrift *Theismus* will ich auf diese Position hier näher eingehen.

Erinnern wir uns an Mills *Logik*. Trotz einiger idealistischer Einsprengsel (vgl. SL 65, 604 f.) vertritt Mill dort eine Position, die man vielleicht nicht als metaphysischen, aber doch als wissenschaftlichen Realismus bezeichnen kann. Ein metaphysischer Realist vertritt die These, daß es eine vom menschlichen Geist und von unserem Erkenntnisvermögen unabhängige, objektive Wirklichkeit gibt. Ein wissenschaftlicher Realist vertritt dagegen nur die These, daß das Kriterium der Wahrheit unserer Meinungen in deren Übereinstimmung mit dieser Wirklichkeit, in deren Korrespondenz mit den Tatsachen besteht. Unerheblich ist es für diese Wahrheitstheorie, *wie* wir zu unseren Erkenntnissen gekommen sind. Der metaphysische Idealismus nimmt dagegen an, daß die Welt letztlich ein geistiges Gebilde und ihre Existenz nur in Zusammenhang mit den intellektuellen Aktivitäten des Menschen zu verstehen ist. In bezug auf unsere Meinungen nimmt der

Idealist deshalb an, daß ihre Wahrheit ganz wesentlich vom Weg abhänge, der uns zu ihnen führt. Bedienen wir uns bei der Erwerbung von Erkenntnissen nur der richtigen Mittel, haben wir gute Gründe zur Annahme, daß sie wahr sind.

Mill, der in der Tradition der Wissenschaftstheorien Bacons und Herschels steht, stimmt sicherlich mit der These eines wissenschaftlichen Realismus überein (vgl. noch seine Rezension von Grotes *Plato* von 1866 in CW XI, 375–440, hier 426f.). Obwohl man meinen könnte, der wissenschaftliche Realismus setze einen metaphysischen Realismus voraus, ist die Frage nach Mills Stellung zum metaphysischen Realismus ungleich schwieriger zu beantworten. Das erklärt sich nicht zuletzt aus seiner strikten Ablehnung einer apriorischen Rechtfertigung der Existenz einer geistunabhängigen Wirklichkeit. Die apriorische Schule hat mit der Annahme einer objektiven Realität keine Schwierigkeiten. Doch wie sollte ein radikaler Empirist, der nur seinen Erfahrungen traut, die Auffassung begründen können, daß es eine geistunabhängige Realität gibt?

Mill sucht daher Zuflucht in einer etwas merkwürdigen Spielart des metaphysischen Idealismus. In seiner *Überprüfung* haben wir es nicht mehr nur mit idealistischen Einsprengseln zu tun; ihre zentrale These lautet, daß die Materie gerade aus permanenten Möglichkeiten von Sinneswahrnehmungen besteht. Phänomene sind der Stoff, aus dem die Welt gemacht ist. Von einer objektiven, geistunabhängigen Wirklichkeit kann man nicht mehr sprechen; seine Position scheint also auf eine idealistische Metaphysik hinauszulaufen. Zwischen Mills von einem wissenschaftlichen Realismus geprägter *Logik* und seiner idealistischen *Überprüfung* scheint damit ein Spannungsverhältnis zu bestehen (Scarre 1989, 105ff. und 205ff.). Läßt sich dieser Widerspruch auflösen, oder zerbricht Mills theoretische Philosophie an dieser Inkonsistenz?

1. Möglichkeiten von Wahrnehmungen

Werfen wir einen kurzen Blick auf den ideengeschichtlichen Kontext von Mills Metaphysik (vgl. Skorupski 1989, 203f.; Scarre 1989, 154f.). Das im 17. Jahrhundert von Descartes und Locke etablierte wissenschaftliche Weltbild erhielt zu Beginn des 18. Jahrhunderts erste Risse und erfährt in dessen zweiter Hälfte durch Hume und Kant eine Erschütterung in seinen Grundfesten. Die Möglichkeit der Erkenntnis der Wirklichkeit steht auf dem Spiel. Verschiedene Wege mögen zur Erkenntnis der Wirklichkeit führen: Im 17. Jahrhundert herrschte noch das Grundvertrauen vor, nach welchem die objektive Erkenntnis einer Wirklichkeit möglich ist, die unabhängig von unserem Erkenntnisvermögen existiert. Der wissenschaftliche Realismus nimmt an, daß wir zu einer Erkenntnis der Dinge jenseits ihrer uns irreführenden Erscheinungen vordringen können. Beide Hauptströmungen der theoretischen Philosophie der Moderne, der Rationalismus und der Empirismus, teilen diese realistische Auffassung.

Eine wichtige Rolle spielt dabei die Unterscheidung von primären und sekundären Qualitäten (Locke 1975, VIII, §§ 9–10, Descartes 1955, 2. Teil, § 4). Primäre Qualitäten (wie z.B. die räumliche Ausdehnung, bei Locke außerdem die Solidität und die Gestalt der Gegenstände) geben an, wie die Dinge wirklich sind. Sekundäre Qualitäten (wie Farbe, Geschmack und Härte eines Gegenstands) verweisen dagegen bloß auf die Erscheinungen der Dinge für uns. Mit der natürlichen, geistunabhängigen Wirklichkeit haben diese sekundären Qualitäten aber nichts zu tun. Wissenschaftliche Realisten, ob Rationalisten oder Empiristen, halten es für möglich, zu den primären Qualitäten von Gegenständen und somit zu einer Erkenntnis der Wirklichkeit vorzudringen, die nicht von unserem Geist, unseren spezifischen Erkenntnisvermögen eingefärbt ist.

Im 18. Jahrhundert wird die Unterscheidung zwischen primären und sekundären Qualitäten zunehmend fragwürdig. Zweifel regen sich, wie es möglich sein soll, zwischen dem zu unterscheiden, was die Natur der Dinge selbst ausmacht, und dem, was wir den Dingen von uns aus hinzufügen. Nach und nach setzt sich deshalb die Ansicht durch, wir könnten uns überhaupt keine Vorstellung von der Wirklichkeit jenseits der Erscheinungen machen. Die Unterscheidung zwischen Sein und Schein, zwischen den Qualitäten, wie sie uns erscheinen, und den Qualitäten, wie sie den Dingen eigen sind, wird selbst zu einer metaphysischen, jedenfalls wissenschaftlich nicht mehr begründbaren Unterscheidung. Alles Wissen ist damit nur mehr ein relatives Wissen. Wir haben nicht die Möglichkeit, einen Vergleich anzustellen zwischen der Welt, wie sie uns erscheint, und der Welt, wie sie wirklich ist.

Die solcherart im 18. Jahrhundert an Popularität gewinnende Doktrin einer Relativität des menschlichen Wissens ist das Ergebnis einer Unterscheidung, einer Trennung zwischen einem Ich und der Welt, zwischen einem Gegenstand des Wissens und dem wissenden Bewußtsein. Die zentrale Fragestellung der Philosophie wird damit zu einer erkenntnistheoretischen Fragestellung: Wie können Subjekte etwas über die Objekte der sie umgebenden Welt in Erfahrung bringen (WH 5)? Ein Skeptiker wie David Hume antwortet, daß wir letztlich zu keinem gesicherten Wissen kommen können. Die Metaphysik wird von ihm eliminiert, und die Epistemologie, die Frage nach der Geltung unserer Erkenntnisse, wird auf die Frage nach deren Genese reduziert; „Wir können wohl fragen", sagt Hume, „was für Ursachen veranlassen uns, an die Existenz von Körpern zu glauben. Dagegen wäre es umsonst zu fragen: Ob es Körper gibt oder nicht" (T I, iv, 2). Die Frage nach der Berechtigung unserer Meinungen wird zu einer Frage nach deren Entstehung, die Frage nach der Geltung unserer Erfahrungserkenntnis wird durch die Frage nach deren Genese ersetzt.

Einen wesentlich radikaleren Schluß zieht in dieser Situation Berkeley. Er leugnet, daß es eine Welt jenseits unserer Wahrnehmungen gebe, und erklärt die Sinneserfahrungen, die wir von den Gegenständen haben, kurzerhand selbst zur eigentlichen Wirklichkeit. Das Scheitern des Programms eines wissenschaftlichen Realismus führt ihn zu einer idealistischen Metaphysik. Das „Ding an sich" gibt es nicht, die Welt besteht allein aus der Vorstellung, die wir uns von ihr machen. Der Begriff einer außerhalb unseres Bewußtseins existierenden Materie sei nur eine abstrakte Idee, welcher in der Realität nichts entspreche (vgl. Mill CW XI, 458).

Diese Auffassung ist natürlich nicht ohne Widerspruch geblieben. Der Intuitionist Thomas Reid kehrt zur Auffassung des wissenschaftlichen Realismus zurück und nimmt an, daß die wahrgenommenen primären Qualitäten wie Ausdehnung, Teilbarkeit, Gestalt usw. der Dinge ihren wirklichen Qualitäten entsprechen (1967, Bd. I, Essay II. 17, 313 ff.). Wir können die objektiven Qualitäten der physischen Dinge direkt wahrnehmen. William

Hamilton steht nun einerseits in dieser Tradition des Realismus von Reid, stimmt aber gleichzeitig der im 19. Jahrhundert zum Gemeinplatz gewordenen Doktrin einer Relativität des menschlichen Wissens zu.

Von den Dingen an sich können wir dieser Doktrin zufolge kein Wissen erwerben, wir wissen allein davon, wie sie uns erscheinen. Auch Mill stimmt der Doktrin einer Relativität des Wissens zu. Das Ergebnis aber des kritischen Teils seiner *Überprüfung* lautet: Hamilton wisse selbst nicht, was er denke (WH 22). Er täusche sich über seine eigenen Ansichten und Auffassungen. Denn wenn er ein direktes, unmittelbares Wissen der primären Qualitäten zulasse, wie könne er dann gleichzeitig eine These der Relativität des menschlichen Wissens vertreten? Trotz seiner gegenteiligen Beteuerung lehne Hamilton im Grunde die Doktrin einer Relativität des menschlichen Wissens ab. Nach Hamilton können wir von der Wirklichkeit, von den primären Qualitäten der Dinge auf direktem, unmittelbarem Wege Wissen erwerben. Der Realismus eines Reid ist aber nicht mit der idealistischen Doktrin einer allgemeinen Relativität des menschlichen Wissens zu vereinbaren.

Der kritische Teil nimmt zwar den weitaus größten Raum der *Überprüfung* ein. Interessanter ist jedoch ihr konstruktiver Teil. Zwei Fragen stehen hier im Mittelpunkt: Was sind erstens die Ursachen für unseren Glauben an die Existenz einer externen, geistunabhängigen Welt? Diese Frage beantwortet Mill mit seiner assoziationistischen, psychologischen Methode. Er unterscheidet nämlich eine introspektive und eine psychologische Methode in der Metaphysik (WH 139). Die Intuitionisten Reid und Hamilton bedienen sich der introspektiven Methode. Sie machen bestimmte Bewußtseinsinhalte, ihnen gewiß erscheinende Überzeugungen zum Ausgangspunkt ihrer metaphysischen Spekulationen. Die psychologische Methode, die Mill in Kapitel XI „The Psychological Theory of the Belief in an External World" auf die Metaphysik anwendet, führt ihn zur These, daß der Glaube an eine Außenwelt keine apriorische Intuition, sondern ein erworbenes Produkt sei (WH 177).

Er läßt diese erste Frage aber bald zugunsten einer zweiten Frage fallen: Was ist das Wesen der Realität? Woraus besteht eigentlich die Welt? Und Mills berühmte Antwort lautet: Die Welt besteht letztlich aus Phänomenen, aus den objektiv gegebenen und allgemein zugänglichen Möglichkeiten von Sinneswahrnehmungen der Gegenstände. Die Materie könne selbst als eine permanente Möglichkeit der Sinneswahrnehmung definiert werden (WH 183). Nehmen wir an, wir hätten ein Pferd vor uns. Wir glauben dann, den von unserem eigenen Anschauungsvermögen vollkommen unabhängigen und für sich existierenden Gegenstand „Pferd" zu sehen. Doch in Wirklichkeit gibt es für diese Annahme keinen guten Grund. Alles, was wir begründeterweise annehmen können, ist die Meinung, daß wir, wenn wir eine bestimmte Gestalt wahrnehmen, in einer entsprechenden Situation auch einen bestimmten Geruch wahrnehmen und eine bestimmte Tastempfindung machen. Und wenn wir um das Pferd herumgehen, nehmen wir verschiedene Ansichten dieses Pferdes wahr. Die Existenz eines Pferdes läßt sich somit allein als die Koexistenz verschiedener vorgegebener Möglichkeiten von Sinneswahrnehmungen verstehen.

Auch wenn wir einen Gegenstand nicht wahrnehmen, hört er deshalb nicht auf zu existieren, denn die Möglichkeit einer Sinneswahrnehmung bleibt bestehen. Die permanente Möglichkeit von Wahrnehmungen besagt allein, daß diese Wahrnehmungsmöglichkeiten öffentlich, also allen Subjekten gleichermaßen zugänglich, von Dauer, also jederzeit wiederholbar, und schließlich unabhängig von einer besonderen Perspektive sein müssen. Material greifbar sind diese Möglichkeiten nicht, doch für Mill sind sie der Stoff, aus dem die Welt gemacht ist. Mills berühmtes Beispiel ist das Blatt Papier, das er vor sich auf seinem Tisch liegen sieht (WH 179). Selbst wenn er den Raum verläßt und das Blatt Papier nicht mehr wahrnimmt, es bleibt weiter auf dem Tisch liegen.

Mills Metaphysik läßt sich wohl am besten als eine Kombination des Idealismus eines George Berkeley (1710) und der Assoziationspsychologie von David Hartley (1749), James Mill (1829) und Alexander Bain (1855) verstehen. Der Idealismus Berkeleys bedarf der Ergänzung durch eine Assoziationspsychologie, weil er nicht zureichend erklären kann, daß wir die Materie (und darüber hinaus jede Substanz, den Raum, die Zeit, die Kausalitätsrelation) als eine von unserem Geist, von unseren Wahrnehmungen unabhängige Realität anzusehen gewohnt sind. Die Genese dieser Illusion einer geistunabhängigen Welt kann allein durch die Assoziationspsychologie aufgedeckt werden. Raum, Ausdehnung, Substanz, Kausalität gelten der Assoziationspsychologie als Konzeptionen, die sich aus Ideen von Wahrnehmungen durch die Gesetze der Assoziation zusammensetzen (WH 9).

Der Unterschied zwischen Berkeleys und Mills Idealismus besteht allein in der Modalität, in welcher die Sinneswahrnehmungen existieren. Für Berkeley waren die Gegenstände unserer Erkenntnis allesamt nicht nur mögliche, sondern wirkliche Wahrnehmungen. Die Objekte, die wir gegenwärtig nicht wahrnehmen, existieren für Berkeley deshalb allein als Wahrnehmungen eines göttlichen Subjektes. Mill sieht jedoch folgendes Problem: Berkeley kann die numerische Identität eines Gegenstandes, den wir für einige Zeit nicht mehr wahrnehmen, nicht erklären (vgl. Mills Abhandlung über *Berkeley's Life and Writings* CW XI, 464).

Die gestrige Wahrnehmung meines Fahrrads ist der heutigen Wahrnehmung nur ähnlich, die Frage nach der numerischen Identität meines Fahrrads läßt sich dann aber nicht beantworten, wenn die numerische Identität des Fahrrads allein im Geiste Gottes gegeben ist. Denn wie kann ich wissen, daß das Fahrrad, das ich gestern gesehen habe, wirklich ein und dasselbe Fahrrad wie dasjenige ist, das ich heute sehe? Mill ersetzt daher die Existenz der Wahrnehmung im Geiste Gottes durch die Möglichkeit dieser Wahrnehmung. Die zu verschiedenen Zeitpunkten gegebene Möglichkeit der Wahrnehmung meines Fahrrads kann als zu verschiedenen Zeitpunkten identische angesehen werden. Die faktisch stattfindenden Wahrnehmungen selbst mögen zwar zu verschiedenen Zeitpunkten verschiedene Wahrnehmungen sein. Die Möglichkeit aber der Wahrnehmung selbst bleibt in verschiedenen Fällen immer ein und dieselbe.

Läßt sich diese Position mit Mills realistischer Wissenschaftstheorie vereinbaren? Wir müssen dabei beachten: Mills Position läßt sich nicht eindeutig als „idealistisch" oder „phänomenalistisch" etikettieren (vgl. Scarre 1989, 179f.). Im Unterschied nämlich zum (semantischen oder linguistischen) Phänomenalismus im 20. Jahrhundert (Russell, Ayer, Carnap; vgl. Putnam 1975, 19) geht es dem ontologischen Phänomenalisten Mill – wie auf andere Weise auch Berkeley – um objektiv existierende *Möglichkeiten* der Wahrnehmung, nicht um *mögliche* Wahrnehmungen in unserem Geist. Das ist ein großer Unterschied. Und deshalb kann letztlich auch der wissenschaftstheoretische Realismus mit dieser Form eines ontologischen Phänomenalismus Hand in Hand gehen. Die Wahrheit von Meinungen bleibt weiterhin an deren Übereinstimmung mit objektiv existierenden Tatsachen, permanenten Möglichkeiten von Sinneswahrnehmungen, gebunden.

Man kann Mill somit auch eher als immaterialistischen Realisten denn als Idealisten oder Phänomenalisten bezeichnen; er vertritt einen „spartanischen" Realismus (Scarre 1989, 208f.). Denn die Welt der Möglichkeiten von Sinneswahrnehmungen ist durchaus eine reale, wenn auch immaterielle Welt, die außerhalb des menschlichen Geistes existiert (Scarre 1989, 177). Die objektiven Möglichkeiten von Sinneswahrnehmungen führen bei Mill quasi eine geistunabhängige Existenz und können somit einen externen Maßstab zur Begründung und Kritik unserer Erkenntnisse darstellen. Die Wahrheit unserer Erkenntnisse hätte sich dann daran zu messen, ob wir die permanenten Möglichkeiten der Sinneswahrnehmungen in dem Sinne auch „wahrnehmen", wie wir die Möglichkeit „wahrnehmen", bei schönem Wetter baden zu gehen. Mills wissenschaftstheoretischer Realismus kann auf diese Weise von seinen idealistischen Einsprengseln gesäubert werden; und damit läßt sich Mills theoretische Philosophie trotz seiner merkwürdigen Metaphysik als konsistent bezeichnen.

2. Philosophie des Geistes

In große Schwierigkeiten verstrickt sich Mill jedoch, wenn er seine Metaphysik für eine Philosophie des Geistes, vor allem für eine Analyse der Erinnerung (WH 206ff.) und des Fremdpsychischen (WH 190ff.) fruchtbar zu machen versucht. Es drängt sich nämlich die Frage auf: Zu welchen Ergebnissen führt die Anwendung der psychologischen Methode auf das Gebiet einer Philosophie des Geistes?

In diesem Zusammenhang stellt sich insbesondere das Problem der personalen Identität. Ist der menschliche Geist nur ein Strom von Gedanken, Empfindungen, Wünschen, Hoffnungen, ist er, wie Hume behauptet, „ein Bündel oder ein Zusammen verschiedener Perzeptionen" (T I, iv, 6: Von der personalen Identität), eine Serie von aufeinanderfolgenden geistigen Zuständen? Oder gibt es, wie Platon, Aristoteles, Hobbes, Descartes und Leibniz annehmen, eine seelische Substanz, die sich trotz aller Änderungen einer Person in der Zeit durchhält? Wie ließe sich sonst erklären, daß wir uns als eine im Ablauf der Zeit identische Person erfahren? Wie kommt es, daß wir uns an bestimmte Sinneswahrnehmungen erinnern, die wir uns selbst als einer von anderen Personen separaten Instanz von mentalen Ereignissen zuschreiben? Und wie können wir uns erklären, daß andere Personen ihrerseits über Sinneswahrnehmungen und ein Bewußtsein darüber verfügen? Wie können wir uns verständlich machen, daß sie selbst es sind, welche diese Wahrnehmungen haben? Wie kann sich also Mill neben dem Phänomen des Selbstbewußtseins mit Hilfe seiner psychologischen Methode die beiden Phänomene des zeitlich sich erstreckenden Selbstbewußtseins und die Existenz des Fremdpsychischen („other minds") erklären?

Betrachten wir zuerst das Phänomen des Selbstbewußtseins: Die Außenwelt besteht für uns zunächst nur in einem Konglomerat von heterogenen Sinneswahrnehmungen. Diese Mannigfaltigkeit bringen wir durch gedankliche Verknüpfungen in eine relativ stabile Ordnung, die uns – was etwa bestimmte Kausalzusammenhänge angeht – sogar als unabänderlich und notwendig erscheinen mag. Doch nehmen wir neben der Außenwelt auch eine innere Welt wahr. Wir wissen, daß wir Wünsche, Hoffnungen, Befürchtungen und Erwartungen haben. Diese Erlebnisse bilden unsere private Welt, die wir nicht mit anderen Menschen teilen und allein uns selbst zuschreiben. Die permanenten Möglichkeiten der Sinneswahrnehmungen von äußeren Objekten sind dagegen prinzipiell allen Menschen zugänglich und gehören insofern einer gemeinsamen, öffentlichen Welt an.

In Kapitel XII „The Psychological Theory of the Belief in Matter how far Applicable to Mind" wendet Mill seine psychologische Methode auf den menschlichen Geist, auf das Phänomen des menschlichen Selbstbewußtseins an. Ihm erscheint es zunächst „evident" (WH 188), daß auch unser Wissen um unsere eigenen mentalen Zustände relativ und fallibel ist. Es gibt keinen privilegierten Zugang zu unserem Selbst. Wie bei Objekten der Außenwelt können wir uns auch über uns selbst täuschen. Wir sind deshalb, wenn wir uns korrigieren wollen, auf die verschiedenen empirischen Manifestationen des Geistes angewiesen, um etwas über ihn in Erfahrung bringen zu können. Wir haben keine Konzeption des Geistes jenseits seiner empirischen Manifestationen (WH 189). Bewußt sind wir uns nur einer Serie von Gefühlen, Vorstellungen, Gedanken und Wünschen, des berühmten „Bewußtseinsfadens" („thread of consciousness"; vgl. SL 64). Trotzdem meinen wir, wenn wir vom Geist sprechen, mehr als diese Sukzession verschiedener Bewußtseinszustände, die für uns manifest werden. Wir verbinden mit dem Begriff des Geistes die Idee eines gleichbleibenden, unveränderlichen Kerns, die mit dem unaufhörlichen Strom von sich ständig verändernden Empfindungen und anderen geistigen Zuständen kontrastiert (WH 189).

Läßt sich die These, die Materie bestehe aus permanenten Möglichkeiten von Sinneswahrnehmungen, zur Lösung dieses Problems verwenden? Die Fähigkeit, Wünsche oder Meinungen zu haben, wird schließlich nicht durch eine vorübergehende Bewußtlosigkeit zerstört. Kann man also auch hier eine Permanenz der Möglichkeit dieser Bewußtseinszustände zur Erklärung der Seinsart des Geistes heranziehen? Mill macht auf mehrere Unterschiede zwischen Geist und Materie aufmerksam, die dieser Lösung im Wege stehen. Der wichtigste besteht darin, daß die möglichen Sinneswahrnehmungen von äußeren Gegenständen Teil einer öffentlichen Welt sind. Andere Personen können ihrer wie ich selbst teilhaftig werden. Die Zustände, die mein Geist annehmen kann, sind dagegen strikt privat: die besondere Serie von Gefühlen, die mein Leben bildet, gehört allein mir selbst an, und ich teile sie mit keinem anderen fühlenden Lebewesen (WH 189f.). Wie also läßt sich Mills phänomenalistische Metaphysik mit einer Auffassung des Selbstbewußtseins vereinbaren, nach welcher bestimmte Möglichkeiten von Wahrnehmungen nur einer Person zugänglich und anderen Personen permanent verschlossen bleiben?

Mill bricht an dieser Stelle seine Diskussion abrupt ab und geht auf die drei Einwände ein, die Reid gegen eine Philosophie des Geistes erhoben hat, die das Bewußtsein als eine bloße Serie von Sinneswahrnehmungen zu erklären versucht: Es könne darin keinen Gott geben, keine Unsterblichkeit der Seele und kein Fremdpsychisches (Reid 1967, Bd. I, Essay VI. 3, 426ff.). Mill versucht zwar, auf Reids Einwände einzugehen, doch es gelingt ihm nicht, diese zurückzuweisen (WH 190). Sicher kann ein anderes Selbst auch aus einer Serie von Gefühlen bestehen. Doch die Frage bleibt: Wie sind zwei solcher Serien getrennt und können verschiedenen Personen zugewiesen werden? Und radikaler noch: Was ist das einheitsstiftende Prinzip *einer* Serie? Wie konstituiert sich die Identität *einer* Person in der Zeit?

Das zweite Problem einer Philosophie des Geistes, das Problem der personalen Identität in der Zeit, knüpft an das Problem des Selbstbewußtseins an. Mill erkennt an, daß er mit seiner psychologischen Theorie beim Problem der personalen Identität nicht sehr weit kommt. Denn der Bewußtseinsstrom enthält nicht nur gegenwärtige Wahrnehmungen, sondern auch Erinnerungen und Erwartungen: „Worin bestehen diese?" (WH 194), fragt sich Mill. Sie sind einerseits gegenwärtige Wahrnehmungen, doch beziehen sie sich auf Wahrnehmungen aus Vergangenheit oder Zukunft. Und vor allem beziehen sie sich auf ein bestimmtes Selbst, das diese Wahrnehmungen gehabt hat oder haben wird: „Wenn wir deshalb vom Geist als einer Serie von Gefühlen sprechen, haben wir die Aussage dadurch zu vervollständigen, daß wir sie eine Serie von Gefühlen nennen, die ihrer selbst als Vergangenheit und Zukunft bewußt ist" (WH 194). Im Gegensatz zu Humes Bündeltheorie des Selbst sieht Mill nämlich, daß das Selbst als eine Aufeinanderfolge einzelner Erlebnisse nicht nur dem Lauf der Zeit unterworfen ist. In der Ausbildung eines Lebensplans, in Erinnerungen und Erwartungen greift es über die bloße Gegenwart hinaus und versucht, eine Ordnung, eine Gestalt in den Fluß von Erlebnissen zu bringen.

Die Debatte um ein Kriterium der personalen Identität in der Zeit zieht sich wie ein roter Faden durch die Geschichte der angelsächsischen Philosophie. Lockes berühmter Lösungsversuch, die Person mit Hilfe der Erinnerung in der Zeit numerisch zu identifizieren (*An Essay Concerning Human Understanding*, Buch II, Kap. xxvii; §§ 9–17), wurde von Butler (1736/1975) und Reid (1785/1969) als zirkulär kritisiert (vgl. die neuere Debatte zwischen Williams 1973 und Parfit 1984). Das Gedächtnis erlaubt nur dann die Reidentifikation einer Person in der Zeit, wenn die jeweiligen Erfahrungen, an die sich eine Person erinnert, bereits aufgrund eines anderen Kriteriums dieser Person als ihre Erfahrungen zugeschrieben werden können (zum Zirkelproblem vgl. Mill selbst in CW XXXI, 151). Die Person braucht also bereits vor der Erinnerung ein Bewußtsein darüber, daß bestimmte Erlebnisse ihre Erlebnisse waren.

Mill sieht das Problem: Wie kann es sein, daß ein Selbst nur eine Serie von Empfindungen und Erlebnissen ist, wenn dieses Selbst darüber hinaus auch noch über das Bewußtsein verfügt, daß es gerade eben diese Serie von Empfindungen bildet und keine andere? Aber er kann dieses Problem nicht lösen und beläßt es bei der Feststellung einer „Unerklärbarkeit": Es scheint ihm am vernünftigsten, auf eine entsprechende Theorie zu verzichten (WH 194; vgl. seine Kommentare zu James Mill (1829/69) in CW XXXI, 212f.). Für Mill ist das ein ungewöhnliches Eingeständnis, für seine Leser ein klares Zeugnis des Scheiterns der psychologischen Methode in der Philosophie des Geistes (vgl. James 1890, 338f.; Bradley 1924, 39). Anschutz (1963, 179) spricht von Mills intellektuellem Bankrott.

Ungewöhnlich ist außerdem, daß das Scheitern von Mill nicht in seiner ganzen Tragweite wahrgenommen wird: Wenn der Geist gleich einem Ding nur eine Möglichkeit der Wahrnehmung ist, worin besteht dann der Unterschied zwischen einem Geist und bloßen Dingen? Und wenn diese Möglichkeiten prinzipiell allen gleichermaßen zugänglich sind, wenn wir bestimmte mentale Zustände einem bestimmten Selbst nicht exklusiv zuschreiben können, wie lassen sich dann die Unterschiede zwischen verschiedenen Personen erklären (Scarre 1989, 198ff.)?

Das dritte Problem, das sich bei der Anwendung der psychologischen Methode auf die Philosophie des Geistes stellt, ist das Problem des Fremdpsychischen. Bin ich allein im Universum? Oder kann ich mit guten Gründen annehmen, daß es andere Wesen gibt, die ebenfalls über ein Selbstbewußtsein verfügen? Zunächst scheint die Lösung einfach: Da ich mich als eine Serie von mannigfaltigen Empfindungen wahrnehme, kann ich auch die Vorstellung entwickeln, daß sich andere Personen genauso als Serien von mannigfaltigen Empfindungen wahrnehmen (WH 190). Der Phänomenalist muß also nicht, wie Reid behauptet (1967, Bd. I, Essay II.10, 285), als Solipsist und zuletzt sogar als Egoist enden und kann neben der Existenz Gottes durchaus auch die Existenz des Fremdbewußtseins erklären.

Welche Gründe gibt es für die Annahme eines Fremdpsychischen? Mill bedient sich eines Schlusses auf die beste Erklärung:

„Ich schließe, daß andere Menschen Gefühle wie ich selbst haben, weil sie, erstens, einen Körper haben, von dem ich weiß, daß er die Voraussetzung dafür ist, Gefühle zu haben; weil sie zweitens handeln und andere äußerliche Zeichen von sich kundtun, die ich in meinem eigenen Falle aus Erfahrung als von Gefühlen verursacht begreife" (WH 191). Mill sieht sich von der Erfahrung zur Schlußfolgerung veranlaßt, zu der Erklärung bestimmter Handlungen anderer Personen jeweils bestimmte Bewußtseinszustände anzunehmen. Wie ich meine eigenen Handlungen durch das Vorhandensein bestimmter mentaler Zustände erklären kann, so kann ich mir auch das Handeln anderer Personen am besten durch die Zuschreibung bestimmter mentaler Zustände erklären.

Nach Mill nehmen wir bei der Zuschreibung des Fremdpsychischen also nur eine Verallgemeinerung von bekannten Tatsachen vor. Das Fremdpsychische ist zwar keine notwendige Bedingung zur Erklärung dieser Vorgänge, doch wenigstens ist es eine hinreichende Bedingung: „Wir wissen von der Existenz anderer Wesen durch die Verallgemeinerung unseres Wissens unserer eigenen Existenz" (WH 191). Mehrere Einwände lassen sich gegen dieses Argument anführen: Zum einen scheint es merkwürdig, daß sich Mill hier mit einer möglichen Erklärung zufrieden gibt, wo er an Erklärungen doch sonst sehr viel strengere Ansprüche stellt. Außerdem kann von einer echten Verallgemeinerung hier nicht die Rede sein. Ich schließe allein von einem einzigen Beispiel, meinem eigenen Selbstbewußtsein nämlich, auf viele andere Fälle, von denen ich keine direkte Erfahrungserkenntnis habe. Die Äußerungen anderer Personen mögen meinen Äußerungen gleichen, ein Induktionsschluß liegt aber nicht vor, wenn Mill lediglich von einem einzigen Fall, dem Selbstbewußtsein, auf eine Vielzahl von anderen Fällen schließt. Mill mißversteht hier sein eigenes Vorgehen gründlich. Er sieht das, was in Wirklichkeit ein illegitimer Analogieschluß ist, für eine legitime induktive Verallgemeinerung an.

Ich fasse zusammen: In der Philosophie des Geistes stößt Mill an die Grenzen einer Metaphysik, welche keinen grundlegenden Unterschied zwischen der Materie und dem menschlichen Geist anerkennt. Weder das Selbstbewußtsein, noch die personale Identität, noch das Fremdbewußtsein kann Mill mit Hilfe seiner psychologischen Methode erklären. Zum Teil war sich Mill des

Scheiterns selbst bewußt, hat sich aber, wie beim Problem der personalen Identität, nicht weiter darum bekümmert. Zum Teil ist er auch der Selbsttäuschung erlegen, mit Hilfe etwa eines induktiven Schlusses das Problem der Existenz des Fremdpsychischen lösen zu können.

3. Existenz und Attribute Gottes

Der menschliche Geist kann die Frage nach dem Ganzen der Natur, nach dem Unbedingten nicht zurückweisen. Über die Erklärung der einzelnen, ihn umgebenden Phänomene hinaus verlangt er nach einer Antwort auf die Frage nach ihrem Zusammenhang. Kant sieht in diesem per se nicht unvernünftigen Streben über die Grenzen der Erfahrungserkenntnis hinaus eines der Grunddilemmata der menschlichen Existenz (AA IV, 7). Auch der Empirist Mill erkennt an, „daß die Frage, auf die der Theismus eine Antwort ist, zumindest eine sehr natürliche ist und einem offenkundigen Bedürfnis des menschlichen Geistes entspringt." (Th 115) John Stuart Mill war wie sein Vater Atheist. Der religiöse Glaube, so Mill über sich, „ging ihn überhaupt nichts an" (A 45). Gegen Ende seines Lebens stellte er sich aber die Frage, ob der religiöse Glaube mit einer empirisch-wissenschaftlichen Weltsicht zu vereinbaren sei und „auf welche von der Wissenschaft anzuerkennenden Beweise" (Th 112) sich religiöse Überzeugungen berufen könnten?

In seinem Essay *Die Nützlichkeit der Religion* weist Mill ein häufig verwendetes Argument für die Existenz Gottes ausdrücklich zurück: die Nützlichkeit, die gesellschaftliche Notwendigkeit religiöser Sanktionen. In bezug auf deren praktische Relevanz lautet Mills Hauptthese: Die Religion ist zur Stabilisierung einer gesellschaftlichen Ordnung nicht erforderlich; auch zur Motivation moralischen Handelns (vgl. Abschnitt III.2) stehen andere Antriebsfedern als die Hoffnung auf ein ewiges Leben zur Verfügung.

Mill wendet sich gegen eine utilitaristische Begründung der Religion. Zum einen sei die Wahrheit der Religion nicht von deren gesellschaftlichem Nutzen abhängig zu machen (vgl. Sidgwick im § 4 des Schlußkapitels von *Methods of Ethics*). Er zeigt sich verwundert darüber, daß vielen Philosophen, die sich nicht als Anhänger der utilitaristischen Ethik bezeichnen würden, kein besserer Beweis für die Existenz Gottes als der Hinweis auf dessen gesellschaftliche Nützlichkeit gelingt (NR 63). Zum anderen könnte eine falsche Religion dem menschlichen Zusammenleben gar nicht wahrhaft nützlich sein. Zwar sei es „denkbar, daß die Religion moralisch nützlich sein kann, ohne verstandesmäßig haltbar zu sein" (NR 67). Doch kann die Lebenskunst ein Opfer des Intellekts zugunsten der Moral niemals rechtfertigen. Die Wahrheit unserer Meinungen sei gegenüber deren gesellschaftlichem Nutzen immer vorrangig zu bewerten; und die Unterdrückung einer Wahrheit stelle einen Raub am menschlichen Geschlecht dar (F II, 2).

Ein Gottesbeweis muß auf andere Grundlagen gestellt werden, er läßt sich nicht durch praktische Erwägungen der Nützlichkeit führen. Die Existenz Gottes ist Mill zufolge nun nicht notwendig mit zwei wissenschaftlichen Grundannahmen unverträglich: nämlich der allgemeinen Verursachung eines jeden einzelnen Ereignisses und der übergreifenden Verkettung aller Einzelereignisse zu einem geordneten Naturganzen. Denn Gott kann die Welt nach unwandelbaren Gesetzen regieren, die Naturgesetze können ihren Ursprung selbst im göttlichen Willen haben. Freilich ist die bloße Verträglichkeit von Theismus und Wissenschaft kein hinreichendes Argument *für* die Annahme der Existenz Gottes. Gute Gründe für diese Annahme müßten schon auf wissenschaftliche Art und Weise beigebracht werden. Und als wissenschaftlichen Beweis läßt Mill ja nur Schlüsse gelten, die von Beobachtungen und Experimenten anheben.

Selbst hinter angeblich erfahrungsfreien Apriori-Argumenten für die Existenz Gottes macht Mill in vielen Fällen „verkappte Aposteriori-Argumente" (Th 120) aus. Hinsichtlich der drei Apriori-Argumente, die er untersucht, nämlich die „Notwendigkeit einer ersten Ursache" (den auf Aristoteles zurückgehenden kosmologischen Gottesbeweis, der bei Thomas von Aquin seine klassische Formulierung erhält), die „allgemeine Zustimmung der Menschheit" (den konsenstheoretischen Gottesbeweis) und die „Ableitung aus der Vorstellung eines Gottes" (den von Anselm von Canterbury oder René Descartes geführten ontologischen Gottesbeweis), gilt dies vor allem für das erste Argument.

Wieder bedient sich Mill einer psychologischen Methode für eine Genealogie unserer Überzeugungen bezüglich der Existenz Gottes. Wir erklären alle Ereignisse mit ihrer Ursache. Deshalb nehmen wir an, daß auch der geordnete Naturzusammenhang selbst auf eine erste Ursache zurückzuführen sein müsse. Doch letztlich haben wir es hier mit einem unberechtigten Analogie-Schluß zu tun (vgl. Mills Kritik von Analogieschlüssen in SL 555–561). Die Universalität der Ursache-Wirkung-Beziehung meinen wir letztlich aus der Erfahrung ableiten zu können (Th 120). Unsere Erfahrungen von Ursache-Wirkungs-Zusammenhängen beziehen sich aber ausschließlich auf das Veränderliche. Auf das Unveränderliche, auf die Substanz der Dinge, können wir sie nicht ausdehnen.

Zwar haben alle Ereignisse ihre Ursache, und jede Ursache ist auch selbst wieder verursacht, doch das Unveränderliche selbst bedarf deshalb nicht auch schon einer Ursache, um dessen Vorhandensein zu erklären. Aus dem Begriff der Kausalität allein können wir nicht auf die Realität einer ersten Ursache schließen. Einzelne Ereignisse bedürfen zwar einer Ursache, doch daraus folgt nicht, daß das Universum als Ganzes ebenfalls einer Ursache bedarf. Dem kosmologischen Gottesbeweis liegt ein verkappter, aber ungültiger Aposteriori-Schluß zugrunde.

Dem zweiten, konsenstheoretischen Argument für eine Existenz Gottes (Th 131 ff.) hält Mill entgegen, daß von einer allgemeinen Übereinstimmung der Menschheit nicht die Rede sein kann. Selbst wenn es sie geben würde, wäre kein hinreichender Grund für die Wahrheit dieser Annahme gegeben. Auch der Konsens der Meinungen und Überzeugungen aller vernünftigen Menschen kann in die Irre führen. Kurzen Prozeß macht Mill dann auch mit dem dritten Argument, dem ontologischen Gottesbeweis, der die Existenz Gottes aus dem Begriff, der Vorstellung eines allmächtigen Wesens abzuleiten unternimmt. Mill bezieht sich hier auf Kants Argument (*Kritik der reinen Vernunft*, AA III, 397 ff.), daß aus der Idee eines absolut notwendigen Wesens nicht dessen Existenz abzuleiten sei (Th 138).

Einem vierten Argument für die Existenz Gottes widmet Mill, in die Fußstapfen von Cleanthes, einer der drei dramatischen Personen aus Humes *Dialogen über die natürliche Religion,* tretend, nun seine besondere Aufmerksamkeit: Gegen den dogmatischen

Glauben Demeas und den Skeptizismus Philos, den beiden anderen Protagonisten in Humes *Dialogen*, vertritt Cleanthes mit einem teleologischen, auf die Erfahrung gegründeten Argument eine aufklärerisch-theistische Position. Das teleologische Argument für die Existenz Gottes geht von der Zweckmäßigkeit der Natur aus, um von dieser auf die Existenz eines Wesens zu schließen, das diese nach ihrer Absicht eingerichtet hat. Mill zufolge handelt es sich hier um ein Aposteriori-Argument, das einen wissenschaftlichen Charakter beanspruchen kann, weil es sich ein induktives Vorgehen zu eigen macht und „sich ganz und gar auf Erfahrung" (Th 140) gründet. Kant wird diesen „physikotheologischen" Beweis zwar ablehnen, doch ist er für ihn „der älteste, klarste und der gemeinen Menschenvernunft am meisten angemessene Beweis" der Existenz Gottes (AA III, 415).

Zunächst sind es, nach einem Analogieschluß, die Ähnlichkeiten von Natur- und Menschenprodukten, die uns zu der Annahme veranlassen, daß die Schöpfung das Werk eines bewußten Geistes sein muß (Th 142). Wenn wir eine Uhr am Strand einer unbewohnt geglaubten Insel finden, dann scheint uns die beste Erklärung dafür diejenige zu sein, daß sich auf dieser Insel vernünftige Lebewesen aufhalten oder aufgehalten haben. Doch die Zweckmäßigkeit erlaubt uns mehr als nur einen Analogieschluß; der Analogieschluß gilt Mill sowieso nur als „untergeordnete Art des induktiven Beweises" (Th 141; vgl. Settani 1991, 103). Es gibt einen echten induktiven Schluß auf die wahrscheinliche Existenz Gottes.

Nach der Methode der Übereinstimmung (vgl. Abschnitt II.2) sind wir, wenn wir uns etwa den Bau des Auges oder des Ohrs ansehen, „nach den Regeln der Induktion zu dem Schluß berechtigt, daß das, was alle diese Elemente zusammengebracht hat, eine ihnen allen gemeinsame Ursache war" (Th 144). Bei allen menschlichen Produkten, die nach bestimmten Gesichtspunkten der Zweckmäßigkeit eingerichtet sind, erkennen wir einen vernünftigen Willen als Finalursache dieser Produkte. Nach der Methode der Übereinstimmung dürfen wir daher auch einen vernünftigen Willen als Ordner und Gestalter der Natur annehmen.

Wenn Finalursachen zunächst als mit der Methode der Übereinstimmung unvereinbar erscheinen mögen, so läßt sich dieser Einwand durch die These zurückweisen, daß Finalursachen für den Beweisgang hier gar nicht in Anspruch genommen werden (Millar 1998, 181). Die Annahme eines intelligenten Willens als Finalursache für die Entstehung des Auges läßt sich als legitimer induktiver Schluß begreifen. Wir sehen uns zu der Annahme gezwungen, daß „nicht das Sehen selbst, sondern eine vorhergehende Idee die wirkende Ursache sein müsse" (Th 144). Gewißheit kann uns die induktive Methode aber nicht verschaffen; allein die Annahme einer hohen Wahrscheinlichkeit der Existenz Gottes ist mit der wissenschaftlichen Logik vereinbar (zur Kritik vgl. Settani 1991, 107 ff.).

Nicht nur die Frage nach den möglichen Beweisen für eine Existenz Gottes, auch die Frage nach den Attributen Gottes gehört zu den Aufgaben der philosophischen Theologie. Aus der Existenz Gottes allein lassen sich keine Schlüsse bezüglich seiner Attribute ziehen. Im Zentrum stand hier immer die Frage nach der Güte, den moralischen Qualitäten des göttlichen Willens, und weiterhin die Frage nach der Allmacht Gottes angesichts der unbezweifelbaren Existenz des Bösen in der Welt. Wie kann man Gott Allmächtigkeit und Allwissenheit zuschreiben, so lautet das klassische Problem der Theodizee, der Rechtfertigung Gottes, wenn es doch offensichtlich Dinge und Ereignisse auf dieser Welt gibt, die er nicht hat wollen können?

Mill, auch hier übrigens der Auffassung Cleanthes' folgend (Hume 1981, 11. Teil, 106), spricht Gott eine Allmacht und Allwissenheit ab. Schon der ihm äußerst mangelhaft und störungsanfällig erscheinende Bau des menschlichen Körpers läßt ihn an der Allmacht Gottes zweifeln (Th 152). Er nimmt an, „daß der Urheber des Kosmos unter Beschränkungen arbeitete, daß er genötigt war, sich Bedingungen anzupassen, die von seinem Willen unabhängig waren, und daß er genötigt war, seine Zwecke durch solche Vorkehrungen zu erreichen, wie sie diese Bedingungen zuließen." (Th 148) In seiner Autobiographie berichtet er (A 43), daß sein Vater dem Manichäismus nahestand, nach welchem das Übel in der Welt als Resultat lokaler Niederlagen des Prinzips des Guten gegen das unabhängige Prinzip des Bösen zu verstehen ist. Gott ist dieser Auffassung zufolge mit dem Prinzip des Bösen in einen globalen Kampf um die Vorherrschaft in der Welt verstrickt.

Da Gott nicht allmächtig ist, trägt der Mensch eine Mitverantwortung für das Geschehen in der Welt. Er ist zur Mitarbeit aufgerufen, damit „eine größere Annäherung an die Erfüllung seiner Zwecke erreicht werden kann" (Th 212; vgl. Settani 1991, 189). Möglicherweise war Gott ja gar nicht der Schöpfer des Universums, sondern nur dessen Gestalter und Ordner. Dann aber können ihm die „beiden großen Elemente des Universums", das passive Element des Stoffes und das aktive Element der Kraft (Th 149), auch jeweils einen Strich durch eine Rechnung machen, die auf die Verwirklichung bestimmter Zwecke zielt. Mill versteht Gott eher als Baumeister der Welt, denn als Schöpfer des Universums.

Gottes Allwissenheit dagegen ist vereinbar mit unserer Erfahrungswelt, mit den Erscheinungen des Universums. Doch bilden diese Erscheinungen selbst auch keinen guten Grund für eine solche Annahme (Th 151). Auch der begrenzte Umfang des göttlichen Wissens könnte Ursache dafür sein, daß die Pläne Gottes nicht unmittelbar haben Wirklichkeit werden können, daß er die gleiche Kluft von Handlungszwecken und unerwünschten Konsequenzen kennt, die auch für menschliches Handeln charakteristisch ist. Letztlich werden uns aber Umfang und Art der Grenzen der göttlichen Macht unbekannt bleiben (Th 162).

Wie sieht es schließlich mit Gottes Güte und Gerechtigkeit aus? Können wir ihm, angesichts zahlreicher Ungerechtigkeiten in dieser Welt, wenigstens bestimmte moralische Qualitäten zuschreiben, wenn schon seine intellektuellen Fähigkeiten in Frage stehen? Nachdem Mill Gottes Macht als begrenzt ansieht, könnte diese Begrenzung als Entschuldigung dafür herhalten, daß er viele Handlungen und Ereignisse nicht hat verhindern können. Die Güte von Gottes Willen könnte gerettet werden, wenn denn seine Macht begrenzt sein sollte (Th 156; vgl. Sidgwicks *Methods*, Schlußkapitel, § 4). Wenn wir auf diese Weise zwar eine Vereinbarkeit von irdischen Ungerechtigkeiten und der Güte des göttlichen Willens annehmen können, so gibt uns diese Vereinbarkeit allein natürlich keinen guten Grund für die Annahme dieser göttlichen Güte. Gottes Absicht ist „nicht das Wohl fühlender Geschöpfe, sondern nichts als die auf eine begrenzte Periode beschränkte Fortdauer der Schöpfung selbst, der belebten wie der unbelebten" (Th 158 f.).

Mehrere Anzeichen deuten jedoch darauf hin, daß die Lust der Menschen auch dem Schöpfer angenehm ist. Mills hedonistische

Werttheorie (vgl. Abschnitt III.1) könnte damit sogar im Willen Gottes eine ihrer Grundlagen haben. Das Wohlwollen des Schöpfers gegenüber seinen Geschöpfen läßt sich durchaus als eine seiner Eigenschaften ansehen. Dabei ist das Wohlwollen Gottes allerdings kein hinreichender Beweis für eine göttliche Gerechtigkeit (Th 162). Die Gerechtigkeit ist Mill zufolge das Werk des Menschen allein, dem aufgegeben ist, sich aus einem rohen Zustand hervorzuarbeiten und gerechte gesellschaftliche Institutionen zu errichten und zu erhalten.

Mill warnt uns jedoch vor einer Verallgemeinerung: Das Wohlwollen mag eine der Qualitäten des Schöpfers sein, doch folgt daraus nicht, daß es der einzige, der wichtigste oder gar der dominierende Charakterzug des Schöpfers ist. Denn wenn das Glück seiner Geschöpfe tatsächlich sein Hauptziel bei der Erschaffung gewesen wäre, dann müßte der Zweck der Schöpfung als „schmählich verfehlt erklärt werden" (Th 161). Mill läßt dabei nicht das Argument etwa Mansels gelten, daß wir uns keine Vorstellung von der besonderen Güte Gottes machen könnten (WH 109 ff.). Es sei geradezu unmoralisch, von uns zu verlangen, vor einem Wesen niederzuknien, dessen Attribute wir nicht kennen (A 270). Das Attribut „gut" solle nicht die gleiche Bedeutung für Gott wie für andere Menschen haben? Mills Ausspruch gegen Mansel ist berühmt geworden: „Wenn mich ein solches Wesen zur Hölle schicken kann, weil ich es nicht so nenne, dann fahre ich eben zur Hölle" (WH 103).

4. Unsterblichkeit der Seele

Im Umkreis der philosophischen Theologie stellt sich auch die Frage nach dem Wesen und der Unsterblichkeit der menschlichen Seele. Eine wissenschaftliche Untersuchung sieht sich gerade hier mit zahlreichen Schwierigkeiten konfrontiert. Nicht nur handelt es sich bei dem Glauben an eine Unsterblichkeit der eigenen Seele um eine Annehmlichkeit, auf die man nur ungern Verzicht leistet. Oft wurde der Glaube an ein ewiges Leben auch nur für politische Zwecke geschürt. Mit dem Versprechen eines ewigen Lebens haben die Herrscher aller Zeiten versucht, ihren Weisungen, „sei es aus selbstsüchtigen, sei es aus gemeinnützigen Beweggründen größere Wirkung zu verschaffen" (Th 169). Aber selbst ein guter moralischer Zweck rechtfertigt bei Mill nicht die Vortäuschung falscher Tatsachen. Allein zwei Argumente für die Unsterblichkeit der Seele sind einer ernsthaften Überprüfung wert: die Beschaffenheit der Seele selbst oder der Wille Gottes (Th 163).

Das erste Argument geht auf Platons *Phaidon* zurück. Danach ist die Seele des Menschen eine besondere Substanz, die vom Körper abgesondert werden kann. Der Tod sei nichts anderes „als die Trennung der Seele von dem Leibe" (64c). Das irdische Dasein im Körper stellt bei Platon für die Seele so etwas wie ein Gefängnis dar, und erst der Tod ermöglicht deren Befreiung. Doch ist es gerade diese Annahme einer vom Körper ablösbaren geistigen Substanz, die in der Moderne vom Empirismus in Frage gestellt wird. Damit ist auch der Glaube an eine Unsterblichkeit der Seele ins Wanken geraten. Die „Neueren", sagt Mill und meint dabei an erster Stelle Hume, sehen in der Seele „den Namen für ein Bündel von Eigenschaften, nämlich die Eigenschaften des Fühlens, Denkens, Schlußfolgerns, Glaubens, Willens usw., und diese Eigenschaften betrachten sie als eine Konsequenz der körperlichen Organisation" (Th 164). Die Hypothese der Existenz einer vom Körper abtrennbaren Substanz, die man Seele nennen könnte, läßt sich dann nicht aufrechterhalten.

Doch Mill widersteht der Versuchung einer empiristischen Dogmatik; selbst wenn wir keine Beweise *für* die Unsterblichkeit haben, so haben wir doch auch keine Beweise *gegen* die Unsterblichkeit. Aus unseren Beobachtungen, daß Bewußtsein immer an die Aktivität von Neuronen in einem Gehirn geknüpft ist, dürfen wir nicht folgern, daß es Bewußtsein ohne diese neuronalen Aktivitäten nicht geben könne. Das wäre eine unzulässige Verallgemeinerung aus unseren Beobachtungen. Eine dogmatische Ablehnung der Existenz Gottes aus dem Geist der Wissenschaft wäre eine genauso schlechte Metaphysik wie eine dogmatische Behauptung der Existenz Gottes (Küng 1978, 588f.). Es gibt keinen Beweis für den Atheismus, der den Maßstäben strenger Wissenschaftlichkeit genügen würde (ebd., 625). Mill widersteht dieser Gefahr deshalb auch mit großem Nachdruck: „Wir müssen uns hüten, den Schlüssen einer Aposteriori-Philosophie eine Apriori-Gültigkeit beizulegen" (Th 165). Die Wissenschaft kann die Unsterblichkeit der Seele weder beweisen noch mit Sicherheit ausschließen (Th 167). Unsere Beobachtungen erlauben uns aber keinen Schluß auf die Unsterblichkeit der Seele, welcher wenigstens ein gewisses Maß an Wahrscheinlichkeit für sich in Anspruch nehmen könnte.

Ein zweites Argument nimmt auf Gott Bezug. Läßt sich eventuell, wenn man von der Wahrscheinlichkeit einer Existenz Gottes ausgeht, dabei seine begrenzte Macht und Intelligenz sowie sein begrenztes Wohlwollen gegenüber den Menschen berücksichtigt, auf eine Unsterblichkeit der Seele schließen? Mill zufolge bilden auch diese Prämissen keine hinreichende Grundlage für den Schluß auf eine Unsterblichkeit der Seele. Selbst wenn Gott gewollt hätte, daß wir ewig leben, und schon diese Annahme läßt sich bezweifeln, so bleibt es doch fraglich, ob die Gewähr des Weiterlebens einer Seele nach dem Tode in der Macht Gottes steht: „Es gibt also auf der Grundlage der natürlichen Religion keinerlei Sicherheit für ein Leben nach dem Tode" (Th 174). Eine Unsterblichkeit der Seele ist selbst dann höchst unwahrscheinlich, wenn es einen Gott geben sollte.

VI. Wirkung und Würdigung

Mills Nachfolger sind auf unterschiedliche Weise mit seinem Erbe umgegangen. Im Deutschland des ausgehenden 19. Jahrhunderts gilt er als Pflichtlektüre eines Philosophen. Gottlob Frege und Edmund Husserl, Wilhelm Dilthey und Max Weber, Friedrich Nietzsche und Sigmund Freud, sie alle kennen Mill. Ihre Wertschätzung fällt aber unterschiedlich aus. Die Ablehnung überwiegt. Ohne sich auf eine sachliche Diskussion einzulassen, nennt Nietzsche Mill einen „typischen Flachkopf" (1988, Bd. XI, 362), er spricht von Mills „beleidigender Klarheit" (*Götzendämmerung* 1988, Bd. VI, 111), als wäre Unklarheit eine besondere Ehrerbietung. Während Husserl in seinen 1901 erscheinenden *Logischen Untersuchungen* Mill noch für seine „glänzenden Angriffe gegen Hamiltons Logik" (1975, 20) lobt, spricht er 18 Jahre später in seiner Schrift *Formale und transzendentale Logik* von Mills Psychologismus, der in einer „Gleichsetzung der Urteilsgebilde ... mit Phänomenen der inneren Erfahrung" (1974, 162) bestehe, und betont – gegen Mill, wie er annimmt – die Eigenart des logischen Urteilens und Schließens gegenüber dem psychischen Erleben (1974, 159f.).

Husserls Kritik trifft Mill insofern zurecht, als Mill die Logik tatsächlich von empirischen Urteilen und Schlüssen anheben läßt. Tatsächlich sind bei Mill „Begriffe, Urteile, Schlüsse, Beweise, Theorien psychische Vorkommnisse" (1974, 162). Der Vorwurf geht zurück auf eine Stelle, in der Mill die Logik als einen Zweig der Psychologie bezeichnet (WH 359). Die Kritik Husserls betrifft Mill aber insofern nicht, als letzterer die Möglichkeit von fehlerhaften Urteilen und Schlüssen nicht bestreitet – das fünfte Buch der *Logik* handelt von Fehlschlüssen – und an einer normativen Dimension der Logik festhält (z. B. SL 87; vgl. Scarre 1989, 121f. und 208). Diese Grundannahme verbindet Husserl sogar mit Mill: Wir haben das psychische Erleben von Schlüssen der Gültigkeit logischer Gesetzmäßigkeiten anzupassen und unterzuordnen, nicht umgekehrt (Skorupski 1989, 164ff.; Scarre 1989, 110ff.; McRae 1973, xlii).

Nur am Rande sei erwähnt, und das belegt die Unklarheit und die Vieldeutigkeit des Psychologismus-Vorwurfs: Auch Karl Popper kritisiert einen methodischen Psychologismus Mills in den Sozialwissenschaften, und er bezeichnet es als „die größte Leistung des Soziologen Marx, daß er den Psychologismus in Frage gestellt hat." (*Die offene Gesellschaft*... 1980, Bd. 2, 111). Auch in den Geisteswissenschaften herrscht insgesamt eine kritische Rezeption vor. Wenn auch durch Mill der Begriff Geisteswissenschaften in die deutsche Debatte eingeführt wird (vgl. Abschnitt II.4), wenden sich doch viele Philosophen von seiner Idee einer Einheitswissenschaft ab. Die Neukantianer Wilhelm Windelband und Heinrich Rickert sind der Ansicht, daß der menschliche Geist nicht mit den Methoden der Naturwissenschaften zu erklären sei; Windelband (1914, 240) stellt die wertbezogenen Kultur- gegen die wertfreien Naturwissenschaften. Beide setzen auf die Methode des Verstehens und des Einfühlens. Dilthey meint, die Wissenschaft des Geistes habe nichts mit dem „ermüdenden Geklapper der Worte Induktion und Deduktion" zu tun (1922, 108f.).

In seinem Heimatland fällt Mills Philosophie zunächst in einen Dornröschenschlaf. Zwar billigt Bertrand Russell Mill einen „sehr großen und sehr wohltätigen Einfluß" zu (1968, 21); was die Gleichstellung der Frauen angeht, sei die Geschichte weitgehend Mills Wünschen gefolgt (1968, 10). Trotz seines praktischen Nutzens fällt Russell jedoch kein gutes Urteil über Mills Werk: „theoretisch etwas inkohärent" (1968, 1). Die Neuerungen in der Sprachphilosophie haben, zunächst jedenfalls, zu einer Abwendung von Mills Fragestellungen geführt.

Seit den 70er Jahren kann man aber von einem wiederaufkeimenden Interesse an Mills Philosophie sprechen. Seit etwa 20 Jahren gibt es exzellente Studien über seine Sprachphilosophie, Logik und Ethik sowie auch über seine Metaphysik und philosophische Theologie. Wenn viele zeitgenössische Philosophen auch Mills Positionen ablehnen, so sehen sie sich doch oft genötigt, ihre Thesen entweder gegen Mills radikalen Empirismus (Bonjour 1998, 62ff.) oder gegen seinen Utilitarismus (Scanlon 1998, 151ff.) zu verteidigen. Gehen wir einigen Spuren nach, die Mills Denken in der Gegenwart hinterlassen hat. Greifen wir dabei auch einige Fäden wieder auf, die wir im Laufe unserer Darstellung haben liegen lassen, und verknüpfen sie zu einer Würdigung des Millschen Denkens.

1. Eigennamen und Hypothesen

Mit sprachlichen Lauten wollen wir bestimmte Ideen, Meinungen, Gedanken äußern, wir schreiben ihnen deshalb einen Sinngehalt zu. Mit Sprache wollen wir aber auch etwas über die Dinge, über die Wirklichkeit aussagen, wir wollen vielleicht sogar wahre Aussagen machen. Die Sprachphilosophen gehen der Frage nach: Wie ist das überhaupt möglich? Und Mill antwortet: Begriffe haben eine Konnotation und eine Denotation (vgl. Abschnitt II.1); sie haben einen Sinngehalt und verweisen auf Gegenstände. Bei allgemeinen Begriffen, nicht bei Eigennamen, ist es außerdem gerade ihre Konnotation, die eine Denotation von Gegenständen durch sie ermöglicht. Gottlob Frege sagt Ähnliches: Zeichen haben einen Sinn und eine Bedeutung. Für Frege erschließt sich jedoch die Bedeutung aller Begriffe über ihren Sinn. In *Über Sinn und Bedeutung* erklärt er, daß der Sinn eines Begriffs „die Art des Gegebenseins" eines Gegenstandes enthalte (1892/1967, 144).

Mit Frege setzt in der Sprachphilosophie eine bis heute andauernde Debatte über die Frage ein, ob Begriffe über ihre referierende Funktion hinaus einen Sinn, eine Konnotation haben oder nicht. Bertrand Russell (1905) und dann wieder John Searle (1958) knüpfen an Freges Position an. Saul Kripke (1972, 327) und Hilary Putnam (1975, 215ff.) wenden sich in jüngster Zeit von Freges und Russells Sicht der Eigennamen ab und einer sogenannten kausalen Theorie der Referenz zu, die manche Ähnlichkeiten mit Mills Position aufweist. Mills Beispiel lautet: Selbst wenn eine Stadt an der Mündung des Flusses Dart auf den Namen „Dartmouth" getauft worden sei, heiße sie auch dann noch „Dartmouth", wenn ein Erdbeben den Lauf der Dart verändern und an Dartmouth vorbeileiten sollte (SL 33). Auch der kausalen Theorie der Referenz zufolge sollen Begriffe eine Referenz ohne die Beschreibung eines Gegenstandes ermöglichen. Nur allzuoft kann die Beschreibung des gemeinten Gegenstandes nicht vollständig durchgeführt werden, oder es gibt keinen Konsens. Bei allgemeinen Begriffen wiederum, hinsichtlich derer Frege und Russell Mills Auffassung nahestehen und die Bedeutung eines Begriffs als über dessen Sinngehalt gegeben ansehen, wenden sich Kripke und Putnam sowohl gegen Mills wie auch Freges in diesem Punkt übereinstimmende Auffassungen. Der Sinngehalt von sogenannten starren Designatoren („rigid designators", Kripke 1972, 322; Putnam 1975, 231) wird durch den Gegenstand, nicht durch die Meinung des Sprechers über den Gegenstand bestimmt.

Auch Mills Wissenschaftstheorie war im 20. Jahrhundert keine besonders wohlwollende Aufnahme beschieden. Im angelsächsischen Sprachraum ist die Geschichte der Wirkung Mills aber unübersichtlich und verwirrend. Einerseits nehmen nämlich Hempel/Oppenheim (1953, 324), die Begründer des sogenannten nomologischen Erklärungsmodells, sogar auf eine Stelle in Mills Logik (SL 464) Bezug und sehen in ihm einen Vorläufer ihres hypothetisch-deduktiven Erklärungsmodells (Achinstein 1992; vgl. ebenso Ryan 1970, 3 ff.). Andererseits stößt die induktive Logik Mills etwa bei Karl Popper weitgehend auf Ablehnung. Statt auf ein induktives setzt Popper auf ein hypothetisch-deduktives Vorgehen (1959, 28 ff.; vgl. Medawar 1969, 28 ff. und schon Jevons 1874/1958, 227 f.). Er übt Kritik an der Induktion als einem Zirkelschluß (1979, 33 ff.). Die Wissenschaft arbeitet mit Hypothesen und zieht Beobachtungen zu deren Überprüfung heran.

Popper nimmt somit gegen Mill eine Auffassung ein, die derjenigen Whewells in mancher Hinsicht vergleichbar ist. Und die Entwicklung der Wissenschaften im 20. Jahrhundert scheint Mills Gegner recht zu geben. Nehmen wir nur die wichtigen Entdeckungen der nicht-euklidischen Geometrie, der Quantentheorie. Sie verdanken sich einer hypothetisch-deduktiven, nicht einer induktiven Methode (Skorupski 1989, 211). Die Theorie des Urknalls, die Hypothese der Existenz von schwarzen Löchern oder der Antimaterie, die uns für die Erklärung vieler Phänomene wertvolle Dienste leisten, sind Resultate von Schlüssen auf die beste Erklärung (Scarre 1998, 136). Mills Wissenschaftstheorie ist im Vergleich zu derjenigen Whewells übervorsichtig, geradezu konservativ (Scarre 1989, 61; ders. 1998, 136; Popper 1959, 419).

Man darf aber nicht vergessen, daß Whewells Philosophie auf Intuitionen gegründet ist und daß ihr der Fallibilismus abgeht, der die Wissenschaftstheorien des 20. Jahrhunderts auszeichnet (Skorupski 1989, 211 f.). Und bei der Einsicht in die Fehlbarkeit unserer Erkenntnisse hat Mill eine nicht unwesentliche Rolle gespielt: Hypothesen sind immer nur vorläufig wahr. Wir haben sie an Einzelfällen zu überprüfen, eine letzte Gewißheit werden sie uns nie geben. In dieser Hinsicht weist Poppers Theorie sogar eine viel größere Nähe zu Humes Skeptizismus als zu Whewells Intuitionismus auf. Denn eine direkte Rechtfertigung von Wissen ist in seinem Programm nicht vorgesehen (Popper 1971, 105).

Was Mills Konzeption einer Sozialwissenschaft angeht, stellt Popper ihn (1980, 2. Bd., 111 f. und 1971, 57 f., gestützt auf SL, VI, X, 2 und 8) an die Seite des Marxschen Historizismus. Er kritisiert, daß Mill gleich Marx eine Eigengesetzlichkeit von gesellschaftlichen Entwicklungen jenseits einer naturwissenschaftlichen Überprüfbarkeit annehme; außerdem erlaube Mills Wissenschaftstheorie keine klare Abgrenzung von metaphysischen und empirischen Sätzen (Popper 1959, 35f.). Zuletzt aber lobt Popper Mill doch für die von ihm vertretene „Lehre von der Einheit der wissenschaftlichen Methode" (1971, 94). Popper erkennt an, daß Mill im Gegensatz zu anderen Historizisten Trends eben nicht mit Gesetzen verwechselt habe (Popper 1971, 94 f.). Mills invers deduktive Methode führe dazu, Gesetze allein als „empirische Gesetze" anzusehen, die noch einer Bestätigung harren. Sie ist deshalb eine „ziemlich richtige ... Beschreibung eines Verfahrens, das nicht nur in den Sozialwissenschaften, sondern in allen Wissenschaften verwendet wird, und zwar in weit höherem Maße, als Mill meinte" (1971, 95).

2. Rechtfertigung in der Ethik

Im Bereich der Ethik gibt es eine lebhafte Diskussion um die Vereinbarkeit von Mills *Utilitarismus* und seiner Schrift *Über die Freiheit*. Zahlreiche Kritiker, die ohne große philosophische Bedeutung geblieben sind, treten noch im ausgehenden Jahrhundert auf den Plan (z.B. J. F. Stephen 1873/1967, L. Stephen 1900). Jedenfalls hat hier die sich lange hartnäckig haltende These ihren Ursprung, es gäbe zwei Mills, einen naturalistischen und einen romantischen Mill (Anschutz 1963, 171 ff.), einen rational-liberalen und einen elitär-konservativen Mill (Himmelfarb 1974).

In einer zweiten Phase der Wirkungsgeschichte seiner Ethik erfolgt eine radikalere Abwendung von einigen seiner Grundannahmen. Insbesondere sein angeblicher Naturalismus – nach Rawls übrigens keine besonders glückliche Bezeichnung (TG § 87)

– wird von Bradley (1876/1951), Moore (1903), Ross (1930), Prichard (1949) in Frage gestellt. Der Intuitionismus und der Idealismus beherrschen wieder die Moralphilosophie. Außerdem beschäftigt man sich vorrangig mit metaethischen Fragen nach der Bedeutung moralischer Äußerungen. Seit mindestens 30 Jahren, insbesondere seit dem Erscheinen von Rawls' *Theorie der Gerechtigkeit* läßt sich aber von einer Renaissance der Ethik und vor allem auch der politischen Philosophie sprechen. Die Frage nach der Begründung und der inhaltlichen Bestimmung moralischer Prinzipien rückt wieder in den Mittelpunkt der Aufmerksamkeit. In dieser Diskussion spielt Mills Ansatz, auch wenn er oft kritisiert wird, eine wichtige Rolle.

Der klassische Utilitarismus wird heute vor allem für sein Gerechtigkeitsdefizit kritisiert. Aber man muß differenzieren. Sicher geht Mill zusammen mit Bentham davon aus, daß das individuelle und das kollektive Glück im Idealfall zusammenfallen. Schon Henry Sidgwick hat dagegen in seinen *Methods of Ethics* eingewendet, daß die auf die eigene Wohlfahrt gerichtete Klugheit und der auf das größte Glück aller gerichtete utilitaristische Imperativ – gerade in ungerechten Gesellschaften (1874/1907, Buch II, Kap. 3) – nicht notwendig die gleichen Inhalte haben müssen. John Rawls' Kritik des klassischen Utilitarismus lautet ähnlich. Er nehme die „Verschiedenheit der einzelnen Personen nicht ernst" (TG § 5; zur neueren Debatte vgl. Rinderle 1998). Diese Kritik trifft aber Mill nur begrenzt; ohnehin fällt auf, daß Rawls Mill nicht zu den klassischen Utilitaristen zählt (vgl. Berger 1983, 209).

Mills Ethik trifft jedoch ein anderer Einwand. Die Frage ist, ob sie sich auf rein empirischem Wege wird begründen lassen, oder ob sie letztlich nicht auch ein Rechtsempfinden, moralische Intuitionen und damit apriorische Elemente in Anspruch nehmen muß. Mill hat Intuitionen immer in der Nähe eines politischen Konservativismus gesehen. Und zu Mills Zeit waren die Fronten ja klar: Die Utilitaristen waren radikal und reformfreudig, die Intuitionisten waren konservativ. Daß aber manche Intuitionen selbst sogar in Richtung einer utilitaristischen Moraltheorie weisen können, das deutet Mill nur einmal im Vorübergehen an (U III, 7). Henry Sidgwick wird dann in seinen *Methods of Ethics* eine Grundlegung der utilitaristischen Moral mit Hilfe moralischer Intuitionen vornehmen. Daß Intuitionen Ausgangspunkt einer progressiven Gerechtigkeitstheorie sein können, die sich um eine Abgrenzung zum Utilitarismus bemüht, das hat John Rawls in seiner *Theorie der Gerechtigkeit* gezeigt.

Was das Problem der Moralbegründung angeht, spielt die bloße Gegenüberstellung von Induktion und Deduktion heute keine große Rolle mehr. In das sogenannte Überlegungsgleichgewicht (von Goodman 1955, § 4 eingeführt und von Rawls TG, § 9 auf die Gerechtigkeitstheorie übertragen) gehen empirisch-induktive und apriorisch-deduktive Elemente ein. Ausgehend von einzelnen, besonderen Urteilen werden dort allgemeingültige Prinzipien entwickelt, die ihrerseits wieder anhand von anderen einzelnen Urteilen überprüft und teilweise modifiziert werden. In diesem Prozeß kann es sowohl zur Korrektur an bestimmten Urteilen wie auch an den allgemeinen Prinzipien selbst kommen. John Rawls spricht an einer Stelle seiner *Theorie* zwar noch vom Ideal einer „moralischen Geometrie", einer „streng deduktiven" Ableitung von Gerechtigkeitsprinzipien (TG § 20). Doch noch gegen Ende seiner *Theorie* (TG § 87) und verstärkt noch in jüngster Zeit (1993, Lect. III) wendet er sich gegen eine „kartesianische Rechtfertigung" von Gerechtigkeitsprinzipien, die von wahren ersten Grundsätzen ausgeht. Für Rawls besteht eine Rechtfertigung im Gegensatz zu einem bloß auf die logische Konsistenz von Prämissen und Schlußfolgerung abzielenden Beweis darin, daß sie sich auf gemeinsam geteilte Voraussetzungen bezieht. Sie ist „eine Sache der gegenseitigen Stützung vieler Erwägungen" (TG § 87). Und dieses Modell einer Selbstbezeugung der Vernunft in ihrem praktischen und theoretischen Gebrauch (vgl. dazu Rinderle 1998, 311ff.) ist der Vorgehensweise Mills nicht unähnlich. Eine sehr große Übereinstimmung von Mills und Rawls' Positionen gibt es deswegen auch in bezug auf die Inhalte ihrer Gerechtigkeitstheorien.

3. Politischer Liberalismus

Eine besondere Wirkung hat Mills Philosophie sicherlich auf die Entwicklung der Theorie und Praxis des politischen Liberalismus im 20. Jahrhundert ausgeübt. Dessen Kern besteht in der Annahme eines Vorrangs des Rechten vor dem Guten. Näherhin sind drei Elemente charakteristisch, wovon mindestens die ersten beiden von Mills Denken beeinflußt sind.

1. Der Mensch ist für sein eigenes Leben verantwortlich. Die Bestimmung und die Verfolgung einer Konzeption des guten Lebens kann ihm von keiner anderen Person abgenommen werden.

2. Die Politik ist für gesellschaftliche Verhältnisse verantwortlich, die es dem Einzelmenschen ermöglichen, seine Verantwortung wahrzunehmen. Zum einen erfordert das einen Schutz elementarer Freiheitsrechte gegenüber anderen Menschen und gegenüber dem Staat. Zum anderen erfordert das die Bereitstellung sozialer Rahmenbedingungen, die den Menschen in die Lage versetzen, seine individuellen und politischen Rechte wahrzunehmen.

3. Dem Bürger kommt ein Recht auf Teilhabe an der politischen Entscheidungsfindung zu. Für Mill ist dieses Recht nur ein abgeleitetes, kein originäres Recht. Es gibt bei ihm kein naturgegebenes Recht auf politische Selbstbestimmung. Im Vergleich aber zur Stellung des Bürgers in der neueren revisionistischen Demokratietheorie Joseph Schumpeters (1943, Teil IV, Kap. 21 und 22) hat der Bürger bei Mill jedoch sehr viel mehr Möglichkeiten zur politischen Mitwirkung.

Die sogenannten Kommunitaristen (MacIntyre 1981; Sandel 1982; Walzer 1983; Taylor 1985) haben gegen den liberalen Vorrang des Rechten vor dem Guten geltend gemacht, daß Fragen der politischen Gerechtigkeit nicht von Fragen des guten Lebens getrennt werden könnten. Die Integrationskraft moderner Gesellschaft sei gerade durch die Trennung von Gerechtigkeit und gutem Leben gefährdet. Daher habe der Staat auch umfangreichere Aufgaben, als nur die Rahmenbedingungen zur individuellen Selbstbestimmung bereitzustellen. Die individuelle Selbstbestimmung ist nicht von der politischen Selbstbestimmung zu trennen. Das gute Leben eines Individuums ist vom Bestand der Tradition und der Kultur einer Gemeinschaft abhängig.

Der Liberalismus kann sich gegen diese Kritik auf zweifache Weise zur Wehr setzen: Zum einen kann er gerade mit Mill zeigen, daß der Wunsch nach Freiheit und Selbstbestimmung einer der stärksten Wünsche der menschlichen Natur ist. Der Liberalismus bringt dann nicht nur den Vorrang des Rechten vor dem Guten zum Ausdruck, vielmehr verwurzelt er diesen Vorrang auch in einer bestimmten Auffassung des guten Lebens. Diese entfremdet den Menschen nicht von sich selbst, sondern betrachtet ihn als einen authentischen Ausdruck seines besonderen ethischen Selbstverständnisses. Zum anderen kann der Liberale zeigen, daß eine Konzeption der politischen Gerechtigkeit weder von bestimmten Auffassungen des guten Lebens noch von einer liberalen Ethik à la Mill oder einer anspruchsvollen Konzeption der personalen Autonomie à la Kant abhängt, diesen Auffassungen aber auch nicht widerspricht. In diesem Sinne möchte Rawls seine Idee eines *Politischen Liberalismus* gerade von einem umfassenden ethischen Liberalismus unabhängig machen. Auch religiöse, traditionalistische oder gemeinschaftsbezogene Lebensauffassungen, welche die individuelle Selbstbestimmung nicht als vorrangigen Wert ansehen, sollen in einer pluralistischen Gesellschaft ihren Platz finden und aus eigenen Gründen einer liberalen Gerechtigkeitskonzeption zustimmen können.

Rawls kritisiert Mill bezeichnenderweise primär nicht für seine utilitaristische Grundlegung der Ethik, sondern vielmehr für seinen umfassend ethischen Liberalismus (1993, 78 und 199 f.), welcher den Wert der positiven Freiheit, die Fähigkeit zur Entfaltung der Selbstbestimmung, zum einzigen Fundament der negativen Freiheit, des Rechts auf Selbstbestimmung macht. Mills Ethik, welche die Individualität, die möglichst freie Entfaltung aller Fähigkeiten zum obersten Wert mache, sei nicht mit dem für unsere Gesellschaften geltenden Faktum des Pluralismus in Übereinstimmung zu bringen. Auch Lebensanschauungen, welche die Selbstbestimmung nicht als obersten Wert enthalten, könne man eine gewisse Vernünftigkeit nicht absprechen.

Die Grenzen von Mills Sozialphilosophie werden vor allem angesichts der politischen Pathologien der Gegenwart deutlich. Dem politischen Denken Mills fehlt hier die visionäre Kraft eines Friedrich Nietzsche oder eines Alexis de Tocqueville, welche die totalitären Katastrophen des 20. Jahrhunderts vorausahnten. Mills Sorge um die Bewahrung der persönlichen Freiheit, seine Hinweise auf die Gefahren, die der Demokratie drohen, seine Forderung nach einer gerechten Verteilung des gesellschaftlich erwirtschafteten Reichtums, ja die meisten der politischen Ideen Mills sind noch heute aktuell. Doch scheint Mill geradezu naiv gegenüber den destruktiven Kräften, die dem Menschen innewohnen, der

Macht des Bösen, dem Willen zur Ungerechtigkeit. Die Utopie einer Interessenskonvergenz aller Menschen, die Idee, der Eigennutz und das Machtstreben würden sich durch die Erziehung und den wohltätigen Einfluß der Ideen nach und nach überwinden lassen, hat sich als falsch erwiesen.

4. Kohärenz und Plausibilität

Die theoretische Philosophie Mills durchzieht eine Spannung zwischen einer realistischen Metaphysik, die in seiner *Logik* vorherrscht, und einer in der *Überprüfung* dominierenden idealistischen Metaphysik. Doch Mills Phänomenalismus kann mit Hilfe seiner These einer Objektivität und öffentlichen Zugänglichkeit der Möglichkeit von Sinneswahrnehmung als Variante eines immaterialistischen Realismus gelesen werden, womit die Spannungen mit der *Logik* an Schärfe verlieren. In Mills Ethik gibt es einen potentiellen Konflikt zwischen ihrer utilitaristischen Grundlegung und ihrer liberalen Gerechtigkeitstheorie. Der Widerspruch scheint unausweichlich: Ein Weniger an individueller Freiheit kann manchmal ein Mehr an gesamtgesellschaftlichem Nutzen bringen. Auch hier habe ich für eine Vereinbarkeit der Millschen Grundlegung der Ethik im Prinzip der Nützlichkeit und Mills Intuitionen in bezug auf den Vorrang der Freiheit, der Moral und der Gerechtigkeit plädiert. Die in einem weiten Sinn verstandene Nützlichkeit, insbesondere die Unterscheidung von verschiedenen Qualitäten angenehmer Sinneserfahrungen, führt zu einem Konzept der Lebenskunst, welches mit einer liberalen Sozialphilosophie vereinbar ist.

Auch was die Vereinbarkeit der theoretischen und der praktischen Philosophie Mills angeht, trifft man auf die These einer Inkompatibilität. Bertrand Russell spricht nicht direkt von einer Inkompatibilität; für ihn stehen zunächst nur Mills Beiträge auf dem Gebiet der theoretischen Philosophie im Vordergrund. Er stimmt zwar mit Mills Wertschätzung der Freiheit überein (1968, 54 ff.); über Mills *Utilitarismus* verliert er in seiner *Lecture on a Master Mind* von 1955 (Russell 1968) aber kein einziges Wort. Paul Feyerabend versucht dagegen gerade Mills Schrift *Über die Freiheit*, vor allem deren zweites Kapitel über die Meinungsfreiheit, zur Basis einer Wissenschaftstheorie zu machen. Mill engagiere sich dort für einen Methodenpluralismus, der ihn von seiner offiziellen Wissenschaftstheorie in der *Logik* weit entferne. Imre Lakatos (1978, 39) und Feyerabend (1981, 7 und 273 ff.) berufen sich, Mill gegen die Kritik von Whewell und Popper in Schutz nehmend, auf die Millsche Doktrin der Individualität. Feyerabend zufolge hat Popper Mills methodologisches Prinzip des Pluralismus aus der Freiheitsschrift „verhunzt" (1981, 10). Popper habe nicht berücksichtigt, daß auch für Mill Hypothesen letztlich ein unverzichtbares Instrument für den wissenschaftlichen Fortschritt darstellten.

Feyerabend liest Mill im Sinne seines eigenen wissenschaftstheoretischen Anarchismus. Er spielt Mills Plädoyer für einen ethischen Pluralismus gegen dessen Wissenschaftstheorie in der *Logik* aus. Feyerabend sieht in Mill allein den Romantiker, übersieht jedoch, daß Mill wissenschaftlicher Realist bleibt und das Kriterium der Wahrheit selbst nicht zur Disposition stellt (vgl. Rees 1985, 13 und 115 ff.). Ausdrücklich sagt Mill, die Menge der Meinungen, die wahr sind, sei im Wachsen begriffen (F II, 35); der Pluralismus der Meinungen dient bei ihm der Wahrheitsfindung und der Bekräftigung ihres Einflusses auf unser Handeln. Die Wahrheit selbst tritt aber für Mill nicht im Plural auf. Feyerabends Mill-Lektüre ist selektiv. Einerseits läßt auch er Mills utilitaristische Grundlegung des Werts der individuellen Freiheit außer Acht, andererseits trägt er der Tatsache nicht Rechnung, daß Mill auch bei den Neuauflagen der *Logik*, die nach *Über die Freiheit* erschienen sind, keine Änderungen in Richtung eines Feyerabendschen Wissenschaftsverständnisses vorgenommen hat (Rees 1985, 118).

Mill ist mit seiner Wissenschaftstheorie und mit seiner Ethik nun einer zuweilen komischen, zuweilen aber auch tragischen Ironie des Schicksals nicht entgangen. Angetreten mit dem Anspruch, der Menschheit die Scheuklappen des dem sozialen Fortschritt im Wege stehenden Apriorismus abzunehmen, hat er den Wissenschaften, wenn auch ungewollt, neue Scheuklappen angelegt. Die induktive, empiristische Logik mag zunächst eine Befreiung von der dogmatischen Metaphysik gewesen sei, doch läuft sie immer wieder Gefahr, selbst zur Dogmatik zu erstarren. Sie führt tendenziell dazu, wie Nietzsche im Zweiten Stück seiner

Unzeitgemässen Betrachtungen: Vom Nutzen und Nachteil der Historie für das Leben anmerkt, daß die Wissenschaft „das Factum" zum „Götzen macht: während das Factum immer dumm ist und zu allen Zeiten einem Kalbe ähnlicher gesehen hat als einem Gotte" (1988, Bd. I, 310). Ebenso mag eine utilitaristische Ethik, die im 19. Jahrhundert mit der Absicht entwickelt wurde, gegen politische Ungerechtigkeiten anzukämpfen, selbst zu einer Ideologie werden, die notwendige Reformen eher behindert als befördert.

Auf Ideale und Hypothesen jenseits der erfahrbaren Wirklichkeit, auf Ideen, die dem konstruktiven Vermögen der praktischen und theoretischen Vernunft entspringen, können wir, das hat sich in dieser Einführung in den empirischen Ansatz der Philosophie John Stuart Mills an mehreren Stellen gezeigt, weder bei der Kritik von politischer Herrschaft und sozialem Unrecht noch bei der Erklärung von Natur, Geist und Gesellschaft verzichten. Auf der Grundlage von Beobachtungen und Erfahrung allein läßt sich Philosophie nicht betreiben. An verschiedenen Stellen schleicht sich deshalb auch manche Intuition in Mills Denken ein. Überraschend ist aber dennoch, daß es Mill gelingt, eine über weite Strecken konsistente und plausible Argumentation ohne apriorische Elemente zu entfalten.

Anhang

1. Zeittafel

1806	John Stuart Mill wird am 20. Mai in London geboren.
1809–20	Erziehung durch seinen Vater James Mill.
1820–21	Aufenthalt in Frankreich bei Sir Samuel Bentham, einem Bruder Jeremy Benthams.
1822	Gründung der *Utilitarian Society*, einer Diskussionsrunde mit Freunden, und der *Westminster Review*, dem Publikationsorgan der sogenannten *Philosophical Radicals* um Jeremy Bentham.
1823	Mill nimmt seine Arbeit in der *East Indian Company* als *Junior Clerk* auf.
1825	Gründung der *London Debating Society*, einem Debattierklub mit sehr angesehenen Mitgliedern.
1826	Mill macht eine depressive Krise durch. Er liest zum ersten Mal Romantiker wie Wordsworth, Coleridge und Goethe.
1829	Mill tritt aus der *London Debating Society* aus.
1830	Mill lernt die verheiratete Harriet Taylor kennen und arbeitet am *System der Logik*.
1835–40	Veröffentlichung erster wichtiger Aufsätze wie *Tocqueville über die Demokratie in Amerika* (1835, 1840), *Zivilisation* (1836), *Bentham* (1838) und *Coleridge* (1840).
1836	Mills Vater stirbt; Mill unternimmt eine längere Reise durch Europa.
1843	Das *System der Logik* erscheint.
1848	Publikation der *Prinzipien der politischen Ökonomie*.
1849	John Taylor, der Gatte Harriet Taylors, stirbt.
1851	Mill heiratet Harriet Taylor.
1854	Mills Mutter stirbt; Mill erkrankt schwer und reist als Genesender für mehrere Monate durch Süditalien und Griechenland.
1855–58	Harriet und John Stuart Mill arbeiten zusammen am *Utilitarismus*, an *Die Hörigkeit der Frauen* und an *Über die Freiheit*.
1856	Mill wird zum *Head of the Examiner's Office* bei der Ostindischen Handelsgesellschaft befördert.
1858	Harriet Mill stirbt in Avignon; die Ostindische Handelsgesellschaft wird aufgelöst und Mill pensioniert. Er lebt abwechselnd in Avignon und London.
1859	*Über die Freiheit* erscheint.
1861	Publikation des *Utilitarismus* in Form einer Artikelserie in *Frazer's Magazine*; außerdem erscheinen die *Betrachtungen über die repräsentative Demokratie*.

1865	*Die Überprüfung der Philosophie William Hamiltons* kommt heraus. Mill wird als Abgeordneter in das Unterhaus gewählt; außerdem wird er zum Rektor der St. Andrews Universität berufen.
1868	Bei Neuwahlen verliert Mill sein Parlamentsmandat; er zieht sich nach Avignon zurück und arbeitet an der Abhandlung über den *Theismus*.
1869	*Die Hörigkeit der Frauen* erscheint. Mill arbeitet an einer Abhandlung über den Sozialismus.
1873	Mill stirbt am 7. Mai in Avignon; die *Autobiographie* wird veröffentlicht.
1874	Mills Stieftochter Helen Taylor gibt die *Drei Essays über Religion* (Natur, Die Nützlichkeit der Religion, Theismus) heraus.
1879	Helen Taylor gibt die Abhandlung *Über den Sozialismus* heraus.

2. Literaturverzeichnis

A. Werk- und Einzelausgaben, Übersetzungen und Einflüsse

I. Werkausgabe:

Collected Works of John Stuart Mill, hrsg. von J. M. Robson u.a., Toronto 1962 ff., Bde.:
I (1980): Autobiography and Literary Essays.
II, III (1965): Principles of Political Economy.
IV, V (1967): Essays on Economics and Society.
VI (1982): Essays on England, Ireland and the Empire.
VII, VIII (1973): System of Logic. Ratiocinative and Inductive.
IX (1979): An Examination of Sir William Hamilton's Philosophy.
X (1969): Essays on Ethics, Religion and Society.
XI (1978): Essays on Philosophy and the Classics.
XII, XIII (1962): Earlier Letters, 1812–1848.
XIV, XV, XVI, XVII (1972): Later Letters, 1849–1873.
XVIII, XIX (1977): Essays on Politics and Society.
XX (1985): Essays on French History and Historians.
XXI (1984): Essays on Equality, Law, and Education.
XXII, XXIII, XXIV, XXV (1986): Newspaper Writings.
XXVI, XXVII (1988): Journals and Debating Speeches.
XXVIII, XXIX (1988): Public and Parliamentary Speeches.
XXX (1990): Writings on India.
XXXI (1989): Miscellaneous Writings.
XXXII (1991): Additional Letters.
XXXIII (1991): Indexes.

II. Einzelausgaben (Ersterscheinungen)

A System of Logic. Ratiocinative and Inductive, London 1843.
Principles of Political Economy, London 1848.

Dissertations and Discussions, London 1859.
On Liberty, London 1859.
Considerations on Representative Government, London 1861.
Utilitarianism, London 1863.
An Examination of Sir William Hamilton's Philosophy, London 1865.
Auguste Comte and Positivism, London 1865.
The Subjection of Women, London 1869.
Autobiography, London 1873.
Three Essays on Religion, London 1874.
On Socialism; in: Fortnightly Review 1879.

III. Sammlungen von Aufsätzen und Briefen

Alexander, E. (Hrsg.) 1910: The Letters of John Stuart Mill, London.
Garforth, F. W. (Hrsg.) 1971: John Stuart Mill on Education, New York.
Hayek, F. A. von (Hrsg.) 1951: John Stuart Mill and Harriet Taylor. Their Friendship and Subsequent Marriage, London.
Himmelfarb, G. (Hrsg.) 1962: Essays on Politics and Culture, New York.
Robson, A. P. und Robson J. M. (Hrsg.) 1994: Sexual Equality: Writings by John Stuart Mill, Harriet Taylor Mill, and Helen Taylor, Toronto.
Rossi, A. S. (Hrsg.) 1970: J. S. Mill & H. Taylor: Essays on Sex Equality, Chicago.
Schneewind, J. B. (Hrsg.) 1965: Mill's Essays on Literature and Society, New York.

IV. Deutsche Übersetzungen (Auswahl)

Werke, übers. von Th. Gomperz u. a., Leipzig, 12 Bde. 1869–86 (Neudr. Aalen 1968).
Selbstbiographie, übers. v. C. Kolb, Stuttgart 1874.
System der deductiven und inductiven Logik, übers. von J. Schiel, 4. Aufl. (nach der 8. Aufl. von A System of Logic), Braunschweig 1877.
Betrachtungen über die repräsentative Demokratie, übers. von H. Irle-Dietrich und hrsg. v. K. L. Shell, Paderborn 1971.
Über die Freiheit, übers. von B. Lemke und hrsg. von M. Schlenke, Stuttgart 1974.
Der Utilitarismus, übers. und hrsg. von D. Birnbacher, Stuttgart 1976.
Einige ungelöste Probleme der politischen Ökonomie, hrsg. von H. G. Nutzinger, Frankfurt/New York 1976.
Drei Essays über Religion, übers. v. E. Lehmann, Stuttgart 1984.
Die Hörigkeit der Frau, hrsg. v. U. Helmer, Frankfurt a. M. 1991.
Zur Logik der Moralwissenschaften, übers. u. hrsg. von A. Mohr, Frankfurt a. M. 1997.

V. Wichtigste Einflüsse

Aristoteles 1956: Nikomachische Ethik, übers. v. F. Dirlmeier, Berlin.
Austin, J. 1832: The Province of Jurisprudence Determined, London.
Bacon, F. 1857–74: Works, London (Neuaufl. 1963, Bad Canstatt).

- 1990: Neues Organon, hrsg. v. W. Krohn, Hamburg.
Bain, A. 1855: The Senses and the Intellect, London.
- 1875: The Emotions and the Will (1859), 3. Aufl., London.
Bentham, J. 1830: The Rationale of Punishment, London.
- 1843: The Works, hrsg. v. J. Bowring, 11 Bde., Edinburgh (Neudr. Bristol 1995).
- 1973: Bentham's Political Thought, hrsg. v. B. Parekh, London.
- 1983: Collected Works, Oxford.
- 1988: A Fragment on Government (1776), hrsg. v. J. H. Burns, Cambridge.
Berkeley, G. 1962: The Principles of Human Knowledge (1710), London.
Carlyle, Th. 1898: Latter-Day Pamphlets (1850), London (Neudr. London 1969).
- 1900: Sartor Resartus (1831), London.
Comte, A. 1822 ff.: Système de politique positive, Paris.
- 1830–42: Cours de Philosophie Positive, 6 Bde., Paris.
Darwin, Ch. 1859: On the Origin of Species, London.
Descartes, R. 1955: Die Prinzipien der Philosophie (1644), Hamburg.
Hamilton, W. 1859/60: Lectures on Metaphysics and Logic, Edinburgh.
Hare, T. 1858: The Election of Representatives, Parliamentary and Municipal, London.
Hartley, D. 1749: Observations on Man, London (Neudr. Gaineville 1966).
Herschel, J. 1830: A Preliminary Discourse on the Study of Natural Philosophy, London.
Hobbes, Th. 1839: Elements of Philosophy. The First Section Concerning Body. Part First: Computation or Logic (1656); in: The English Works, Vol. I, London, 1–90.
- 1968: Leviathan (1651), hrsg. v. C. B. MacPherson, London.
Humboldt, W. v. 1967: Ideen zu einem Versuch, die Grenzen der Wirksamkeit des Staats zu bestimmen (1792), Stuttgart.
Hume, D. 1973: A Treatise of Human Nature (1739/40), Oxford; dt.: Ein Traktat über die menschliche Natur, Hamburg 1973.
- 1894: An Inquiry Concerning Human Understanding (1748), Oxford; dt.: Eine Untersuchung über den menschlichen Verstand, Hamburg 1984.
- 1975: An Enquiry Concerning the Principles of Morals (1751), Oxford; dt.: Eine Untersuchung über die Prinzipien der Moral, Stuttgart 1984.
- 1976: Dialogues Concerning Natural Religion (1779), Oxford; dt.: Dialoge über natürliche Religion, Stuttgart 1981.
Kant, I. 1910 ff.: Werke, Akademie Textausgabe, Berlin.
List, F. 1841: Das nationale System der politischen Ökonomie, Stuttgart.
Locke, J. 1975: An Essay Concerning Human Understanding (1689, 2. Aufl. 1694), Oxford; dt.: Versuch über den menschlichen Verstand, Leipzig 1913.
Macaulay, T. B. 1829: „Mill's Essay on Government: Utilitarian Logic and Politics"; in: Edinburgh Review XCVII (neu abgedr. in: J. Lively & J. Rees (Hrsg.), Utilitarian Logic and Politics, Oxford 1978, 97–178).
Malthus, T. R. 1986: An Essay on the Principle of Population (1798), in: Works I, London.
Mansel, H. L. 1858: The Limits of Religious Thought, London.
- 1866: The Philosophy of the Conditioned, London.

Mill, J. 1821: Elements of Political Economy, London.
- 1869: Analysis of the Phenomena of the Human Mind (1829), hrsg. v. J. S. Mill, London.
- 1978: „Essay on Government" (in der Encyclopedia Britannica 1820); neu abgedr. in: J. Lively und J. Rees (Hrsg.) Utilitarian Logic and Politics, Oxford 1978, 53–95.
- 1992: Political Writings, Cambridge 1992.

Owen, R. 1813: A New View of Society, or Essays on the Principle of the Formation of the Human Character, London.
Reid, T. 1967: Essays on the Intellectual Powers of Man (1785), Hildesheim.
Ricardo, D. 1817: On the Principles of Political Economy and Taxation, London.
Smith, A. 1976: An Inquiry into the Nature and Causes of the Wealth of Nations (1776), Oxford, dt.: Der Wohlstand der Nationen, München 1974.
Spencer, H. 1855: The Principles of Psychology, London.
Tocqueville, A. de 1835/40: De la Démocratie en Amérique, Brüssel; dt.: Über die Demokratie in Amerika, Hamburg 1956.
Whately, R. 1826: Elements of Logic, London.
Whewell, W. 1837: History of the Inductive Sciences, 3 Bde., London; dt.: Geschichte der inductiven Wissenschaften der Astronomie, Erster Theil. Stuttgart 1840.
- 1840: The Philosophy of the Inductive Sciences, 2 Bde., London.
- 1845: The Elements of Morality, including Polity, New York.
- 1858: Novum Organum Renovatum, 3. Aufl., London.
- 1860: On the Philosophy of Discovery, London.

B. Sekundärliteratur

I. Biographien, Gesamtdarstellungen und Bibliographien

Anschutz, R. P. 1963: The Philosophy of J. S. Mill (1953), 2. Aufl., Oxford.
Bain, A. 1882: John Stuart Mill, London (Neudr. Bristol 1993).
Boss, G. 1990: John Stuart Mill. Induction et utilité, Paris.
Borchard, R. 1957: John Stuart Mill: The Man, London.
Britton, K. 1953: John Stuart Mill, Harmondsworth (Neuaufl. Dover 1969).
Cumming, I. 1960: A Manufactured Man, Auckland University Press.
Halévy, E. 1901–04: La formation du radicalisme philosophique, 3 Bde., Paris.
Hayek, F. A. 1951: „Introduction"; in: ders., (Hrsg.), J. S. Mill and H. Taylor, London, 13–22.
Fielding, K. J. 1956: „Mill and Gradgrind"; in: Nineteenth-Century Fiction 11, 148–151.
Gaulke, J. 1996: John Stuart Mill, Hamburg.
Glassman, P. 1985: J. S. Mill. The Evolution of a Genius, Gainsville.
Goehlert, R. 1982: J. S. Mill: A Bibliography, Monticello.
Hamburger, J. 1965: Intellectuals in Politics. J. S. Mill and the Philosophical Radicals, New Haven.
Kinzer, B. L., Robson, A. P. und Robson, J. M. 1992: A Moralist In and Out of Parliament: J. S. Mill at Westminster 1865–1868, Toronto.

Laine, M. 1982: Bibliography of Works on John Stuart Mill, Toronto.
Leavis, F. R. 1955: The Great Tradition, London.
Levi, A. 1945: „The ‚Mental Crisis' of Mill"; in: Psychoanalytical Review 32, 86–101.
MacMinn, N. 1945: Bibliography of the Published Writings of J. S. Mill, Evanston.
Mineka, F. E. 1963: „The Autobiography and the Lady"; in: University of Toronto Quarterly 32, 301–306.
McCloskey, H. J. 1971: John Stuart Mill: A Critical Study, London.
Packe, M. 1954: The Life of John Stuart Mill, London.
Pappe, H. O. 1960: J. S. Mill and the Harriet Taylor Myth, Melbourne.
Plamenatz, J. P. 1949: The English Utilitarians, Oxford.
Rey, P. L. 1921: John Stuart Mill en Avignon, Vaison.
Robson, J. M. 1968: The Improvement of Mankind, London.
– (Hrsg.) 1965 ff.: Mill News Letter, Toronto.
Ryan, A. 1974: John Stuart Mill. Routledge Author Guides, London und Boston.
– 1990: The Philosophy of John Stuart Mill (1970), 2. Aufl., Atlantic Highlands.
Saenger, S. 1901: John Stuart Mill. Sein Leben und Lebenswerk, Stuttgart.
Schneewind, J. B. (Hrsg.) 1968: Mill. A Collection of Critical Essays, London.
Skorupski, J. 1989: John Stuart Mill, London.
– (Hrsg.) 1998: The Cambridge Companion to Mill, Cambridge.
Stillinger, J. 1973: „Who Wrote Mill's Autobiography?"; in: Victorian Studies 27, 7–23.
Thomas, W. 1985: Mill, Oxford.
Wilson, F. 1990: Psychological Analysis and the Philosophy of John Stuart Mill, Toronto.
Zastoupil, L. 1994: John Stuart Mill and India, Standford.

II. Sprache und Wahrheit

Achinstein, P. 1992: „Inference to the Best Explanation. Or Who Won the Mill-Whewell Debate?"; in: Studies in History and Philosophy of Science 23, 349–364.
Assis Pereira, F. de 1978: Os métodos de Mill. Uma análise da lógica indutiva de John Stuart Mill e de seus métodos à luz da critica moderna, Rom.
Bain, A. 1870: Logic, London.
Becher, S. 1906: Erkenntnistheoretische Untersuchungen zu Stuart Mills Theorie der Kausalität, Hildesheim (Neudruck 1980).
Buchdahl, G. 1971: „Inductivist versus Deductivist Approaches in the Philosophy of Science as Illustrated by some Controversies between Whewell and Mill"; in: Monist 55, 343–367.
Castell, A. 1936: Mill's Logic of Moral Sciences, Chicago.
Crawford, J. F. 1916: The Relation of Inference to Fact in Mill's Logic, Chicago.
Green T. H. 1886: „The Logic of J. S. Mill"; in: ders., Philosophical Works, Vol. II, London, 195–306.

Jackson, R. 1941: An Examination of the Deductic Logic of John Stuart Mill, Oxford.
Jong, W. R. de 1982: The Semantics of John Stuart Mill, Dordrecht.
Kelly, C. J. 1969: The Presuppositions of J. S. Mill's Theory of Names and Propositions, Ann Arbor.
Kessler, G. 1980: „Frege, Mill, and the Foundation of Arithmetics"; in: Journal of Philosophy 77, 65–79.
Kitcher, P. 1980: „Arithmetic for the Millian"; in: Philosophical Studies 37, 215–236.
– 1998: „Mill, Mathematics, and the Naturalist Tradition"; in: Skorupski (Hrsg.), 57–111.
Kubitz, O. A. 1932: The Development of John Stuart Mill's System of Logic, Urbana.
Leary, D. E. 1982: „The Fate and Influence of John Stuart Mill's proposed Science of Ethology"; in: Journal of the History of Ideas 43, 153–162.
Mackie, J. L. 1974: „Appendix: Eliminative Methods of Induction (Mill's Methods of Induction)"; in: ders., The Cement of the Universe, Oxford, 297–321.
McRae, R. F. 1948: „Phenomenalism and J. S. Mill's Theory of Causation"; in: Philosophy and Phenomenological Research 9, 237–250.
– 1973: „Introduction"; in: System of Logic, Coll. Works VII, XXI–XLVIII.
Nagel, E. (Hrsg.) 1950: John Stuart Mill's Philosophy of Scientific Method, New York.
Scarre, G. 1989: Logic and Reality in the Philosophy of John Stuart Mill, Dordrecht.
– 1998: „Mill on Induction and Scientific Method"; in: Skorupski (Hrsg.), 112–138.
Scharff, R. C. 1989: „Positivism, Philosophy of Science, and Self-Understanding in Comte and Mill"; in: American Philosophical Quarterly 26, 253–268.
Sidgwick, H. 1873: „John Stuart Mill"; in: The Academy 4, May 15, 193.
– 1882: „Incoherence of Empirical Philosophy"; in: Mind 7, 533–543.
Skorupski, J. 1998: „Mill on Language and Logic"; in: ders. (Hrsg.), 35–56.
Strong, E. W. 1955: „William Whewell and John Stuart Mill: their Controversy about Scientific Knowledge"; in: Journal of the History of Ideas 16, 209–231.
Taine, H. A. T. 1864: Le positivisme anglais. Étude sur Stuart Mill, Paris.
Tewari, R. 1980: The Mill-Whewell Debate: On Ethics, Mathematics and the Nature of the Empirical Sciences, Diss., University of London.
Thompson, M. H. 1947: „J. S. Mill's Theory of Truth: A Study in Metaphysics"; in: Philosophical Review 56, 273–292.
Wentscher, E. 1922: Das Problem des Empirismus. Dargestellt an J. St. Mill, Bonn.

III. Lust und Lebenskunst

Anderson, E. 1991: „J. S. Mill and Experiments in Living"; in: Ethics 102, 4–26.

Brink, D. O. 1992: „Mill's Deliberative Utilitarianism"; in: Philosophy and Public Affairs 21, 67–103.

Brown, D. G. 1973: „What is Mill's Principle of Utility?"; in: Canadian Journal of Philosophy 3, 1–12.

Brown, D. G. 1974: „Mill's Act Utilitarianism"; in: Philosophical Quarterly 24, 67–68.

Cohen, S. 1990: „Proof and Sanction in Mill's Utilitarianism"; in: History of Philosophy Quarterly 7, 475–487.

Cooper, W.E., Nielsen, K. und Patten, St. C. (Hrsg.) 1979: New Essays on J. St. Mill and Utilitarianism, Canadian Journal of Philosophy, Suppl. Vol. 5, Ontario.

Crisp, R. 1997: Mill on Utilitarianism, London.

Donner, W. 1991: The Liberal Self. J. S. Mill's Moral and Political Philosophy, Ithaca.

– 1998: „Mill's Utilitarianism"; in: Skorupski (Hrsg.), 255–292.

Downie, R. S. 1966: „Mill on Pleasure and Self-development"; in: Philosophical Quarterly 16, 69–71.

Ebenstein, L. 1985: „Mill's Theory of Utility"; in: Philosophy 60, 539–543.

Edwards, R. 1979: Pleasures and Pains. A Theory of Qualitative Hedonism, Ithaca.

Gibbs, B. 1986: „Higher and Lower Pleasures"; in: Philosophy 61, 31–59.

Grote, J. 1870: Examination of the Utilitarian Philosophy, Cambridge.

Harrison, J. 1974: „The Expedient, the Right and the Just in Mill's ‚Utilitarianism'"; in: T. Penelhum und R. A. Shiner (Hrsg.), New Essays in the History of Philosophy, Canadian Journal of Philosophy, Suppl. Vol. 1, 93–107.

Hoag, R. W. 1987: „Mill's Conception of Happiness as an Inclusive End"; in: Journal of the History of Philosophy 25, 417–431.

Hoerster, N. 1971: Utilitaristische Ethik und Verallgemeinerung, Freiburg.

Höffe, O. 1979: „Zur Theorie des Glücks im klassischen Utilitarismus"; in: ders., Ethik und Politik, Frankfurt a. M., 120–159.

– 1992: „Schwierigkeiten des Utilitarismus mit der Gerechtigkeit; Zum 5. Kapitel von Mills ‚Utilitarismus'"; in: U. Gähde und W. H. Schrader (Hrsg.), Der klassische Utilitarismus. Einflüsse – Entwicklungen – Folgen, Berlin, 292–317.

Long, R. 1992: „Mill's Higher Pleasures and the Choice of Character"; in: Utilitas 4, 279–297.

Lyons, D. 1994: Rights, Welfare, and Mill's Moral Theory, New York.

– (Hrsg.) 1997: Mill's ‚Utilitarianism': Critical Essays, Lanham.

Rawls, J. 1982: „Social Unity and Primary Goods"; in: A. Sen und B. Williams (Hrsg.), Utilitarianism and Beyond, Cambridge, 159–185.

Riley, J. 1991: „One Very Simple Principle"; in: Utilitas 3, 1–35.

– 1993: „On Quantities and Qualities of Pleasures"; in: Utilitas 5, 291–300.

Smart, J. J. C. 1956: „Extreme and Restricted Utilitarianism"; in: The Philosophical Quarterly 6, 344–354.

Sosoe, L. K. 1988: Naturalismuskritik und Autonomie der Ethik: Studien zu G. E. Moore und J. S. Mill, Freiburg.

Spence, G. 1968: „The Psychology behind J. S. Mill's Proof"; in: Philosophy 42, 18–28.

Stove, D. 1993: „The Subjection of John Stuart Mill"; in: Philosophy 68, 5–13.
Urmson, J. O. 1953: „The Interpretation of the Moral Philosophy of J. St. Mill"; in: Philosophical Quarterly 3, 33–39; dt.: „Zur Interpretation der Moralphilosophie J. S. Mills"; in: O. Höffe (Hrsg.), Einführung in die utilitaristische Ethik, 2. Aufl., Tübingen 1992, 123–134.
West, H. R. 1976: „Mill's Qualitative Hedonism"; in: Philosophy 51, 97–101.
– 1997: „Mill's ‚Proof' of the Principle of Utility"; in: Lyons (Hrsg.), 85–98.
Wilson, F. 1983: „Mill's ‚Proof' of Utility and the Composition of Causes"; in: Journal of Business Ethics 2, 135–155.
Wolf, J.-C. 1992: John Stuart Mills „Utilitarismus". Ein kritischer Kommentar, Freiburg.

IV. Freiheit und Macht

Annas, J. 1977: „Mill and the Subjection of Women"; in: Philosophy 52, 179–194.
Archard, D. 1990: „Freedom not to be Free: The Case of the Slavery Contract in J. S. Mill's ‚On Liberty'"; in: The Philosophical Quarterly 40, 453–465.
Beitz, C. 1989: Political Equality. An Essay in Democratic Theory, Princeton.
Berger, F. R. 1984: Happiness, Justice, and Freedom: The Moral and Political Philosophy of John Stuart Mill, Berkeley.
Berlin, I. 1969: „John Stuart Mill and the Ends of Life"; in: ders., Four Essays on Liberty, Oxford, 173–206; dt.: „John Stuart Mill und die Ziele des Lebens"; in: ders., Freiheit. Vier Versuche, Frankfurt a. M. 1995, 257–296.
Boucsein, H. 1983: John Stuart Mill und die Idee der Solidarität. Ein Beitrag zum liberalen Wertverständnis, Frankfurt. a M.
Claeys, G. (Hrsg.) 1987: Der soziale Liberalismus John Stuart Mills, Baden-Baden.
Cohen, B. 1991: Crossing Frontiers. Explorations in International Political Economy, Boulder.
Cowling, M. 1963: Mill and Liberalism, Cambridge (Neuauflage 1989).
Cressati, C. 1988: La libertà e le sue garanzie. Il pensiero politico di J. S. Mill, Bologna.
Devlin, P. 1965: The Enforcement of Morals, Oxford.
Donner, W. 1993: „J. S. Mill's Liberal Feminism"; in: Philosophical Studies 69, 155–166.
Duncan, G. 1973: Marx and Mill, Cambridge.
Garforth, F. W. 1980: Educative Democracy. J. S. Mill on Education in Society, Oxford.
Gilpin, R. 1987: The Political Economy of International Relations, Princeton.
Gräfrath, B. 1992: J. S. Mill: ‚Über die Freiheit'. Ein einführender Kommentar, Paderborn.
Gray, J. 1983: Mill on Liberty. A Defence, London.
Hekman, S. 1992: „John Stuart Mill's ‚The Subjection of Women': the Foundations of Liberal Feminism"; in: History of European Ideas 15, 681–686.
Himmelfarb, G. 1974: On Liberty and Liberalism: The Case of J. S. Mill, New York.
Hollander, S. 1985: The Economics of John Stuart Mill, 2 Bde., Oxford.

Lipton, P. 1991: Inference to the Best Explanation, London.
Lloyd-Thomas, D. A. 1979: „Liberalism and Utilitarianism"; in: Ethics 90, 319–334.
Mendus, S. 1989: „The Marriage of True Minds: the Ideal of Marriage in the Philosophy of J. S. Mill"; in: dies., (Hrsg.), Sexuality and Subordination, London, 171–192.
– 1994: „J. S. Mill and H. Taylor on Women and Marriage"; in: Utilitas 6, 287–299.
Morales, M. 1996: Perfect Equality. J. S. Mill on Well-constituted Communities, Lanham.
Okin, S. M. 1979: Women in Western Political Thought, Princeton.
Rees, J. C. 1985: J. S. Mill's ‚On Liberty', Oxford.
Riley, J. 1988: Liberal Utilitarianism. Social Choice Theory and J. S. Mill's Philosophy, Cambridge.
Schumpeter, J. 1965: Geschichte der ökonomischen Analyse (1954), 1. Teilbd., Göttingen.
Schwartz, P. 1968: The New Political Economy of John Stuart Mill, London.
Semmel, B. 1984: J. S. Mill and the Pursuit of Virtue, New Haven.
Smith, V. R. 1985: „John Stuart Mill's Famous Distinction Between Production and Distribution"; in: Economics and Philosophy 1, 267–284.
Sumner, L. W. 1976: „Mill and the Death Penalty"; in: Mill News Letter 11, 2–7.
Ten, C. L. 1980: Mill on Liberty, Oxford.
Thompson, D. F. 1976: John Stuart Mill and Representative Government, New Jersey.
Wolf, J. C. 1990: „J. S. Mill über die Todesstrafe"; in: Freiburger Zeitschrift für Philosophie und Theologie 37, 105–118.
Wollheim, R. 1973: „J. S. Mill and the Limits of State Action"; in: Social Research 40, 1–30.
– 1979: „J. S. Mill and I. Berlin"; in: A. Ryan (Hrsg.), The Idea of Freedom, Oxford, 253–270.

V. Phänomene und Gott

Carr, R. 1962: „The Religious Thought of John Stuart Mill: A Study in Reluctant Skepticism"; in: Journal of the History of Ideas 23, 475–595.
Cockshut, A. O. 1964: The Unbelievers: English Agnostic Thought 1840–1890, London.
Courtney, W. L. 1879: The Metaphysics of John Stuart Mill, London.
Day, J. P. 1970: „Mill on Matter"; in: J. B. Schneewind (Hrsg.), Mill, London, 132–144.
Hamilton, A. 1998: „Mill, Phenomenalism, and the Self"; in: Skorupski (Hrsg.), 139–175.
Levy, J. H. 1885: „Mill's Propositions and Inferences of Mere Existence"; in: Mind 10, 417–420.
Mackie, J. L. 1955: „Evil and Omnipotence"; in: Mind 64, 200–212.
McPherson, Th. 1972: The Argument from Design, London.
Millar, A. 1998: „Mill on Religion"; in: Skorupski (Hrsg.), 176–202.

Pattison, M. 1865: „J. S. Mill on Hamilton"; in: The Reader 5, May 20.
Price, H. H. 1926: „Mill's View of the External World"; in: Proceedings of the Aristotelian Society 27, 109–140.
Royce, J. 1882: „Mind and Reality"; in: Mind 7, 30–54.
Ryan, A. 1979: „Introduction"; in: J. St. Mill (WH), CW IX, vii–lxvii.
Saenger, S. 1900: „Mills Theodizee"; in: Archiv für Geschichte der Philosophie 13, 402–429.
Seccombe, J. Th. 1875: Science, Theism, and Revelation, Considered in Relation to Mr. Mill's Essay on Nature, Religion and Atheism, London.
Settanni, H. 1991: The Probabilist Theism of John Stuart Mill, New York.
Spencer, H. 1865: „Mill versus Hamilton – The Test of Truth"; in: Fortnightly Review I, 531–550.
Sumner, L. 1974: „More Light on the Later Mill"; in: Philosophical Review 83, 504–527.
Upton, C. B. 1875: „Mill's Essays on Religion"; in: The Theological Review 12, 127–145.
Warren, H. C. 1921: A History of the Association Psychology, London.

C. Literatur zur Wirkung und sonstige Literatur

Ayer, A. J. 1936: Language, Truth and Logic, London; dt.: Sprache, Wahrheit und Logik, Stuttgart 1970.
– 1959: „Phenomenalism" (1947/8); in: ders., Philosophical Essays, London, 125–166.
Bagehot, W. 1928: The English Constitution (1872), 2. Aufl., London.
Beauvoir, S. de 1949: Le Deuxième Sexe, Paris; dt.: Das andere Geschlecht, Hamburg 1968.
BonJour, L. 1998: In Defense of Pure Reason, Cambridge.
Boring, E. G. 1957: History of Experimental Psychology, 2. Aufl., New York.
Bourdieu, P. 1998: La domination masculine, Paris.
Bradley, F. H. 1951: Ethical Studies (1876), New York.
Carnap, R. 1950: The Logical Foundations of Probability, Chicago.
– /Jeffrey, R. C. (Hrsg.), 1971: Studies in Inductive Logic and Probability, Bd. 1, London.
– 1928: Der logische Aufbau der Welt, Berlin; engl.: The Logical Structure of the World, Berkeley 1967.
Dilthey, W. 1922: Einleitung in die Geisteswissenschaften (1883), Leipzig.
Dworkin, R. 1977: Taking Rights Seriously, London; dt.: Bürgerrechte ernstgenommen, Frankfurt a. M. 1984.
Feinberg, J. 1984: Harm to Others. The Moral Limits of the Criminal Law I, New York.
– 1986: Harm to Self. The Moral Limits of the Criminal Law III, New York.
Feyerabend, P. 1975: Against Method, London.
– 1981: Probleme des Empirismus, Wiesbaden.
Foucault, M. 1975: Surveiller et punir, Paris; dt.: Überwachen und Strafen, Frankfurt a. M. 1976.

Frege, G. 1967: „Über Sinn und Bedeutung" (1892); in: ders., Kleine Schriften, hrsg. v. I. Angelelli, Hildesheim, 143–162.
- 1988: Grundlagen der Arithmetik (1884), Hamburg.
- 1893: Grundgesetze der Arithmetik, Bd. 1, Jena.
Galbraigth, J. K. 1958: The Affluent Society, Boston.
Gilligan, C. 1982: In a Different Voice, Cambridge, Mass.; dt.: Die andere Stimme. Lebenskonflikte und Moral der Frau, München 1988.
Goodman, N. 1955: Fact, Fiction, and Forecast, Cambridge.
Hare, R. M. 1981: Moral Thinking. Its Levels, Method and Point, Oxford.
Harrison, R. 1983: Bentham, London.
Hempel, C. G. 1942: „The Function of General Laws in History"; in: The Journal of Philosophy 39, 35–48.
Hempel, C. G./Oppenheim, P. 1953: „The Logic of Scientific Explanation"; in: H. Feigl und M. Brodbeck (Hrsg.), Readings in the Philosophy of Science, New York, 319–352.
Husserl, E. 1975: Logische Untersuchungen (1900/01), Den Haag.
- 1974: Formale und Transzendentale Logik (1929), Den Haag.
James, W. 1983: The Principles of Psychology (1890), Cambridge, Mass.
Jevons, W. S. 1958: The Principles of Science (1874), New York.
Kitcher, P. 1993: The Advancement of Science, New York.
Kripke, S. 1972: „Naming and Necessity"; in: D. Davidson und G. Harman (Hrsg.), The Semantics of Natural Language, Dordrecht, 254–355.
Küng, H. 1978: Existiert Gott? Antwort auf die Gottesfrage der Neuzeit, München.
Kuhn T. S. 1962: The Structure of Scientific Revolutions, Chicago.
Lakatos, I. 1978: The Methodology of Scientific Research Programs, Cambridge.
Laudan, L. 1981: Science and Hypothesis. Dordrecht.
Mach, E. 1906: Erkenntnis und Irrtum, 2. Aufl., Leipzig.
MacIntyre, A. 1981: After Virtue. A Study in Moral Theory, London.
MacKinnon, C. 1987: Feminism Unmodified, Cambridge, Mass.
Marx, K. 1991: Das Kapital. Kritik der politischen Ökonomie (1890), Gesamtausgabe, 2. Abt., Bd. 19, Berlin.
Medawar, P. 1969: Induction and Intuition in Scientific Thought, Philadelphia.
Moore, G. E. 1903: Principia Ethica, Cambridge.
Nietzsche, F. 1988: Kritische Gesamtausgabe, hrsg. v. G. Colli und M. Montinari, 2. Aufl., München.
Parfit, D. 1984: Reasons and Persons, Oxford.
Popper, K. R. 1971: Das Elend des Historizismus, 3. Aufl., Tübingen.
- 1959: The Logic of Scientific Discovery, London; dt.: Logik der Forschung (1934), 6. Aufl., Tübingen 1976.
- 1979: Die beiden Grundprobleme der Erkenntnistheorie (Ms. von 1930–33), Tübingen.
- 1980: Die offene Gesellschaft und ihre Feinde (1945), 6. Aufl., München.
Putnam, H. 1975: Mind, Language and Reality, Philosophical Papers Vol. 2, Cambridge.
Prichard, H. A. 1949: Moral Obligation, Oxford.

Quine, W. V. 1953: From a Logical Point of View, New York.
- 1969: Ontological Relativity and Other Essays, New York.
Rawls, J. 1955: „Two Concepts of Rules"; in: Philosophical Review 64, 3–32; dt.: „Zwei Regelbegriffe"; in: O. Höffe (Hrsg.), Einführung in die utilitaristische Ethik, 2. Aufl., Tübingen 1992, 135–166.
- 1971: A Theory of Justice, Cambridge, Mass.; dt.: Eine Theorie der Gerechtigkeit, Frankfurt a. M. 1975.
- 1993: Political Liberalism, New York.; dt.: Politischer Liberalismus, Frankfurt a. M. 1998.
Rescher, N. 1980: Induction: an Essay on the Justification of Inductive Reasoning, Oxford; dt.: Induktion. Zur Rechtfertigung induktiven Schließens, Wien 1987.
Rickert, H. 1921: Kulturwissenschaften und Naturwissenschaften, 4. Aufl., Tübingen.
Rinderle, P. 1998: Politische Vernunft. Ihre Struktur und Dynamik, Freiburg.
Ross, W. D. 1930: The Right and the Good, Oxford.
Russell, B. 1905: „On Denoting"; in: Mind 14, 479–493.
- 1968: „John Stuart Mill"; in: J. B. Schneewind (Hrsg.), Mill, London, 1–21.
Sandel, M. J. 1982: Liberalism and the Limits of Justice, 1982.
Schumpeter, J. A. 1943: Capitalism, Socialism, and Democracy, London.
Searle, J. R. 1958: „Proper Names"; in: Mind 67, 166–173.
Sidgwick, H. 1907: The Methods of Ethics (1874), 7. Aufl., Indianapolis (Neudr. 1981).
Singer, P. 1979: Practical Ethics, Cambridge; dt.: Praktische Ethik, 2. Aufl., Stuttgart 1994.
Smart, J. J. C.: „Extreme and Restricted Utilitarianism"; in: Philosophical Quarterly 6, 344–356.
Stephen, J. F. 1967: Liberty, Equality, Fraternity (1873), Cambridge.
Stephen, L. 1900: The English Utilitarians, 3 Bde., London (Neudruck 1991).
Strawson, P. F. 1980: Freedom and Resentment and other Essays, London.
Swinburne, R. (Hrsg.) 1974: The Justification of Induction, Oxford.
- 1979: The Existence of God, Oxford; dt.: Die Existenz Gottes, Stuttgart 1987.
Taylor, Ch. 1985: Philosophy and the Human Sciences, Phil. Papers 2, Cambridge.
Walzer, M. 1983: Spheres of Justice. A Defense of Pluralism and Equality, New York.
Weber, M. 1973: Gesammelte Aufsätze zur Wissenschaftslehre, 4. Aufl., Tübingen.
Williams, B. 1973: Problems of the Self, Cambridge.
- 1981: Moral Luck, Cambridge.
Windelband, W. 1914: Einleitung in die Philosophie, Tübingen.
Wright, G. H. v. 1957: The Logical Problem of Induction (1941), 2. Aufl., Oxford.
- 1971: Explanation and Understanding, New York; dt.: Erklären und Verstehen, Frankfurt a. M. 1974.
Wundt, W. 1909: Einleitung in die Philosophie, 5. Aufl., Leipzig.

3. Personenregister

Anselm von Canterbury 38, 126
Aristoteles 16, 35, 66f., 105, 120, 126
Augustinus 11
Austin, J. 17f., 29

Bacon, F. 46, 113
Bentham, J. 13f., 17f., 25, 63ff., 68, 70, 73, 76, 98f., 139
Berkeley, G. 17, 38f., 115, 117f.
Bourdieu, P. 109
Bradley, F. H. 69, 139

Carlyle, T. 20, 65
Comte, A. 36, 46, 60, 109

Descartes, R. 113f., 120, 126
Dickens, Ch. 13, 16, 72
Dilthey, W. 56, 134f.

Epikur 65

Feyerabend, P. 143f.
Foucault, M. 62, 73, 93
Frege, G. 39, 45, 134, 136
Freud, S. 134

Hamilton, W. 35, 57, 112, 116
Hare, T. 25, 99f.
Hartley, D. 17, 117
Hayek, F. A. 28f., 110
Hegel, G. W. F. 33, 56
Herschel, J. 46, 113
Hobbes, Th. 16, 38, 40, 42, 89, 102, 120
Humboldt, W. v. 89
Hume, D. 15, 17, 35, 45f., 50f., 54f., 65, 114f., 119, 122, 127ff., 132, 138
Husserl, E. 134

Kant, I. 18, 35, 40, 44, 55, 69, 76, 79f., 84, 89, 98, 111, 114, 125ff., 142
Kripke, S. 136f.
Küng, H. 132

List, F. 105
Locke, J. 17, 35, 38, 54, 113f., 122

Macaulay, T. B. 18, 59
MacIntyre, A. 141
Mansel, H. L. 112, 131
Marx, K. 102, 138
Mill, James 13ff., 18, 20, 59, 98f., 102, 104, 117, 123

Nietzsche, F. 134, 142, 144

Ockham, W. 38
Owen, R. 57, 106

Platon 15, 67, 79, 96, 120, 132
Popper, K. R. 135, 137f., 144
Putnam, H. 118, 136f.

Rawls, J. 52, 66, 68, 79f., 92, 100, 104, 138ff.
Reid, T. 17, 35, 115f., 121, 123
Ricardo, D. 16, 20, 102, 104f.
Rousseau, J.-J. 11, 97
Russell, B. 34, 41, 118, 135f., 143

Schumpeter, J. 56, 79, 104, 141
Sidgwick, H. 69, 125, 130, 139
Singer, P. 68
Smith, A. 102, 104f.
Spencer, H. 38
Strawson, P. F 82.

Taylor, Harriet 21, 25ff., 101
Taylor, Helen 21, 30, 32ff.
Taylor, J. 27ff.
Tocqueville, A. de 22, 89, 93, 98, 142

Weber, M. 134
Williams, B. 72, 122
Whately, R. 39
Whewell, W. 35, 44, 46, 49, 68 f., 72, 76, 80, 137, 144

4. Sachregister

Aposteriori 35, 52 f., 126 ff., 132
Apriori 9, 35 f., 44, 53 f., 64, 68, 91, 113, 116, 126, 132, 139 f., 144 f.
Assoziation 15, 18 f., 44, 71, 116 ff.
Ästhetik 62 f., 78, 81 f., 87, 91, 110

Charakter 11, 57 f., 71, 93, 96, 106

Deduktion 41 ff., 59, 76 f., 137, 140
Demokratie 18, 89 f., 95 ff., 141 f.
Denotation 40 f.

Eigennamen 40, 136
Empirismus 9, 35, 53, 59, 113 f., 132, 135
Erziehung 15 f., 19 f., 66, 71, 96, 111, 142
Ethologie 58

Frauenrechte 9, 26, 107 ff.
Freiheit 57, 81 f., 87 ff., 103, 109 f., 141 ff.
Fremdpsychisches 119 ff., 123 ff.

Geist 56, 119 ff.
Geisteswissenschaften 56 ff., 135
Geometrie 35, 44
Gerechtigkeit 63, 80 ff., 103 f., 106 f., 130 f., 140 f.
Gewissen 73 ff.
Gott 73, 121, 125, 133
Gottesbeweise 125 ff., 132

Hedonismus 64 ff. 79, 130
Hypothesen 49 f., 137, 144

Idealismus 38, 112 f. 115, 118
Induktion 41, 44 ff., 52 f., 124, 128 f., 137, 140
Intuition 35, 51, 79, 116, 137, 139 f., 145
Intuitionismus 35 f., 57, 59, 64, 115 f., 138 f.

Kausalität 46 ff., 50 ff., 57, 118, 120, 126 f.
Klugheit 62, 69, 81, 87, 91, 139
Kommunitarismus 141

Konnotation 39 ff.
Konzeptualismus 38, 40 f.

Lebenskunst 21, 61 ff., 84, 92, 97, 110, 126
Liberalismus 22, 87 ff., 140 ff.
Logik 16, 35 ff., 134, 143 f.
Lust 61 ff., 70 ff., 130 f.

Macht 86, 88 ff., 102
Mathematik 35 f., 44 f.
Meinungsfreiheit 9, 93 f., 144
Metaphysik 37, 39, 69, 112 f., 143 f.
Moral 55, 62 ff., 74 ff., 80 ff., 108, 132, 139
Motiv 57, 70 ff., 106

Natur 17, 19, 30, 81 f., 108 f., 128
Naturrechte 64, 105
Nominalismus 38
Nützlichkeit 17, 63, 76 ff., 80 ff., 85, 105, 125 f., 143

Ökonomie 13, 60, 101 ff.

Personale Identität 112, 119 ff., 124
Politik 13, 18, 24 ff., 36, 87 ff., 95, 102, 111, 131, 141

Realismus 38, 112 ff., 143 f.
Rechtfertigung 36, 41, 45, 53, 72 f., 85 f., 91 f., 105, 108, 113, 138 ff.
Religion 75, 125 ff.
Repräsentation 22, 25, 98 ff.

Sanktion 57 f., 70, 72 ff., 83 f.
Soziologie 44, 59 ff., 101, 135
Sprachphilosophie 37 ff., 139
Syllogismus 42 ff., 51

Tugend 39, 71 f., 79, 96

Unsterblichkeit 121, 131 ff.
Utilitarismus 25, 63 ff., 72, 76 ff., 85, 87 f., 135, 139, 143 ff.

Wahrheit 35 ff., 94, 112, 125 f., 144
Willensfreiheit 56 ff., 71, 109, 112 f.
Wunder 53 f.